图书在版编目（CIP）数据

永不止步：从“中国的绿地”到“世界的绿地”/
钱跃东，王新宇著. -- 北京：中信出版社，2018.1
ISBN 978-7-5086-6151-3

I. ①永… II. ①钱… ②王… III. ①房地产企业－企业改革－研究－中国 IV. ①F299.233.3

中国版本图书馆CIP数据核字（2017）第261363号

永不止步：从“中国的绿地”到“世界的绿地”

著　　者：钱跃东　王新宇
出版发行：中信出版集团股份有限公司
（北京市朝阳区惠新东街甲4号富盛大厦2座　邮编　100029）
承 印 者：三河市西华印务有限公司

开　　本：880mm×1230mm　1/32　　印　　张：8　　字　　数：146千字
版　　次：2018年1月第1版　　印　　次：2018年1月第1次印刷
广告经营许可证：京朝工商广字第8087号
书　　号：ISBN 978-7-5086-6151-3
定　　价：50.00元

目　录

推荐序　永不止步　迎难而上

张玉良董事长与我相识多年，既是我的好朋友，也是我敬佩的企业家。他以其国有体制的背景，领衔创建了上海绿地集团，并带领这家国有企业，在高度竞争的房地产行业中奋力拼搏，克服重重困难，使企业脱颖而出，跻身世界500强，保持稳健发展，殊为难得，令人钦佩。

绿地集团给我印象最深刻的，是其25年从无到有、从小到大的发展历程所展现的企业精神：永不满足、思变图强；永不止步、争创一流。“永不止步”四个字最精彩，作为本书的主题恰如其分。

企业要发展，就要始终保持忧患意识，始终怀抱克难奋进的勇气和锐气，这样才能持续成长，不断增强发展的活力和竞争力。企业要常青，还要能根据自身所处的市场环境和发展阶段，做到因时而变、因地制宜，抓住机遇、经受挑战、扬长补短，不断迎难而上、超越极限。通过这本书，我们可以重温绿地集团艰辛的创业、转型历程，从中领会“永不止步、迎难而上”精神的魅力。

2012 年，平安与绿地集团结缘，我们的合作是双赢互惠、卓有成效的。这 5 年来，国内外经济形势复杂多变，中国经济稳步进入“新常态”，特别是近几年，经济高速发展所依赖的人口、成本、快速城镇化等各类外部条件都发生了变化，加上现代互联网科技的迅猛发展，这些都给包括绿地集团在内的中国企业带来了巨大的机遇和挑战。在此，我祝福绿地集团永远保持创业的勇气、锐气和智慧，迎来更加辉煌的明天。

是为序。

中国平安集团董事长

马明哲

第一篇

大象转身

第一章　世界 500 强之后

明天总会到来，又总会与今天不同，如果不着眼于未来，最强有力的公司也会遇到麻烦。

——彼得·德鲁克

不可思议的世界 500 强

2012 年 7 月 18 日，上海绿地万豪酒店。

一块巨大的电子屏上，时钟有节奏地嘀嗒作响。岁月流逝的声音，拨动着观众的心弦，令他们沉浸其间，追忆往昔。骤然间，钟声噹然敲响，音乐旋即转向激昂，屏幕急剧变换，最后呈现出一行大字：绿动二十年。

这是一场庆生典礼，但这场典礼的主角并非寻常个体，而是一家企业，也是这家酒店的拥有者——绿地集团。在这一天，它迎来了自己的20岁生日。

绿地的当家人，时年56岁的张玉良在庆生致辞中说：“20年岁月如梭，20年春华秋实。这20年间，我们与风雨相伴，与成就同行。我们团结一致，拼搏进取，从2000万元起步，20年后年经营业绩、资产规模双双突破了2000亿元，实现了资产近万倍的增长，国有资产增值千倍以上，并成功跻身世界500强……我相信，绿地集团定将开启更璀璨的未来，谢谢大家！”

在雷鸣般的掌声中，张玉良面带笑容，深深地鞠躬致谢。此时，大家能感受到，他心中必定风云激荡，满怀豪情。正如他在致辞中所说，20年间，绿地从一家仅有2000万元注册资本的地方国有企业起步，在同时代许多地方国企“重病缠身”并最终湮没无闻的背景下异军突起，成长为全国性、综合性的大型企业集团，并成功挺进世界500强，与大型央企、顶尖民企并肩而立。这当然是一个值得骄傲的成绩。

只有少数人还记得8年前的故事。2004年，上汽集团作为上海第一家非金融类地方国有企业，成功登上了世界500强的榜单。深受鼓舞的张玉良在这一年宣布，绿地也要成为世界

500 强。这个想法令房地产业界一片哗然，连绿地的员工也多持怀疑态度。差距是显而易见的，当年排在世界 500 强末位的企业是加拿大的多伦多道明银行，其年营业收入为 108 亿美元（按当时的汇率折算，约合人民币 893 亿元），而当时绿地的年营业收入仅为 102 亿元，不到世界 500 强门槛的 1/8。

这意味着什么呢？这意味着，即使绿地每年保持 30% 以上的营收增长率，那么它也要八到九年后才能够到这个门槛。这中间有两个令人沮丧的事实：第一，在 10 年左右的中长期内，始终保持营业收入年增长 30% 是一件不太可能实现的事；第二，竞争对手们并不会待在原地等绿地追赶，随着时间的推移，世界 500 强的门槛还将不断地提高。这意味着，即使绿地的年营业收入能够在 10 年内保持 30% 这个有些“离谱”的增长速度，它可能依旧无法迈入世界 500 强的殿堂。这两点事实，让员工们的怀疑显得理所当然。

据说当时，为了打消员工们的疑惑，张玉良甚至抓住一个老部下的手郑重地表示：“不管你现在相不相信，你至少再陪我打拼几年，到时你会相信的。”

没有文字记录下这个员工的反应。但不管当时的他是否真的相信，仅仅 8 年后，绿地就交出了一份年营业收入 1830 亿元、8 年增长 17 倍、年复合增长率 43.5%、位列世界 500 强第 483 位的优异答卷。

20 年栉风沐雨，8 年心怀梦想，所有的心血和汗水，终于浇灌出盛开的鲜花。

绿地集团 20 周年庆典现场

二十年后再出发

在世界 500 强荣耀的光辉中，张玉良脸上笑容未敛，即转身在集团内发出了“二十年后再出发”的号召。他说：“绿地要立足世界 500 强新起点，实现再启程、再提升、再跨越，要为 5 年内进入世界 200 强而奋斗。”他还号召员工要有“归零心态”，不要躺在功劳簿上睡大觉，必须踏踏实实，从头做起。

在常人看来，这实在有些“苛刻”。一代绿地人筚路蓝缕，殚精竭虑，终于取得进入世界500强这样辉煌的成就，似乎理应隆重庆贺表彰，以资纪念，而不是立刻就将目标升级加码，“得陇而望蜀”。

老绿地人对此却早已习惯。历经更迭的绿地企业文化手册上，宗旨、战略目标已经随着时代的前进、绿地的发展而发生了变化，但企业精神却20年如一日，印在每一个版本的手册上，也烙在每一个绿地人的心里：永不满足、思变图强；永不止步、争创一流。这句话后来又被简称为“两个永不”。

“两个永不”实质上是“92派企业家”精神的外显。泰康人寿董事长兼CEO（首席执行官）陈东升最早提出“92派企业家”的概念，将那些受邓小平1992年南方讲话的鼓舞，从政府机关、科研院所等当时的“主流”机构跳向商海的一大批企业家统称为“92派企业家”。一方面，这些企业家往往极富眼光和谋略，他们在商业的荒漠里待得太久，对贫穷的恐惧使得他们对所有的机会都如饥似渴；而另一方面，他们又深受传统教育的影响，有强烈的集体意识、国家意识和民族意识，这使得他们当中的很多人并非唯利是图，而是具有为国兴业的价值取向。正如陈东升自己所说：“要有你不是来赚钱的，而是来做事业的这样的想法。只有做事业的人才能做百年老店。做企业就是做事业，而不是做生意，做生意与做事业的概念是不一样的。”

尽管与陈东升、潘石屹、冯仑等主动投身商海的人不同，张玉良 1992 年履职绿地是“被任命”的，但绿地在初创时即被丢向市场，并没有可以依赖的资源，这使得张玉良与其他卓越的“92 派企业家”一样，商业嗅觉灵敏，同时又志向远大，永远不会满足、止步于阶段性目标的完成。这或许可以解释他为什么如此急于树立新的目标。

时任上海市领导参观绿地 20 周年图片展

需要说明的是，张玉良并非单纯追求企业规模，更不是为了显示成绩，好大喜功。他后来说：“提出进入世界 200 强的目标，主要是想防止队伍因为荣誉加身而产生懈怠，至于目标本身的数字是 200 还是 300，其实并不是最重要的……任何一家企业，要做到一定的高度，才能证明自己在市场中的能力。我认为，走到世界前列，实现跨国经营，这应该是每一家企业都要力争达到的目标。”

而当时的市场环境的确在支持着绿地的梦想。2012 年，房地产市场所面临的宏观环境较上年有明显好转，绿地乘势而起，预销售额首次突破 1000 亿元，成为国内第二家年销售额破千亿元的房地产企业。受此带动，绿地集团当年销售收入继续大幅攀升 39%，达到 2446 亿元，在次年的世界 500 强中排名第 359 位，比前一年上升 124 位，是当年排名提升最快的一家中国公司。

2013 年，绿地的发展更为迅猛，不仅首次登陆资本市场（收购盛高置地，获得港股上市平台），海外布局开始获得销售收入，而且在房地产主业上继续高歌猛进，房地产主营业务收入超过 1600 亿元，同比增长超过 50%。2014 年，绿地在世界 500 强中的排名提升到了第 268 位。世界 200 强的目标，触手可及。

在前线捷报频传、形势一片大好的情形下，张玉良并没有表现出极大的乐观。相反，他的眉头在渐渐锁紧。

一个经验丰富的渔夫，在每个清晨都需要通过观察天象，判断暴风雨来临的可能，以决定自己是否应该出海。此时的张玉良仿佛就是这样一个“渔夫”，极目远眺，他似乎望见一片乌云，正在远天隐约盘桓。

暴风雨前的乌云

这片乌云，就是中国宏观经济状况。

20世纪90年代以来，我国通过深化改革、扩大开放，充分发挥市场经济配置资源的作用，各种要素的积极性被完全释放，经济持续高速增长。根据国家统计局的数据，1991—2011年，中国GDP（国内生产总值）的增长率长期处于8%甚至是10%以上的高位。

然而，水满则溢，月盈则亏。经济长期高速发展的背后，各类生产要素的价格正在发生着不可逆转的变化，制度红利已经基本释放，人口红利也渐渐消退，这使得中国经济增长引擎的动力减弱。2012年，中国GDP增长率下降至7.9%，这是进入21世纪以来，中国经济增长率首次低于8%。2013年，这一数据进一步下降至7.8%。

如果说GDP是一个面目不清的混合体，另一个数据则更令人担忧：代表经济活力的民间投资增速自2012年以来不断下滑，2012年民间投资同比增速为24.8%，2013年为23.1%，2014年上半年为20.1%。[①]民营资本投资增速不断下滑代表着整个社会对经济前景的悲观预期，它既是当前经济下行的结果，

---

① 李蕾.私人投资下滑 经济增速的“杀手”？[EB/OL]. http://news.ifeng.com/a/20141008/42148181_0.shtml.

也将强化未来经济下行的可能。

2014 年年初，新华社等权威媒体刊发了题为《站在复兴大业更高起点——十八大以来习近平同志关于经济工作的重要论述》的重要文章，首次提出国内经济正处于增长速度换挡期、结构调整阵痛期、前期刺激政策消化期“三期叠加”的重要判断。

2014 年 5 月，习近平总书记在河南考察工作时指出：“我国发展仍处于重要战略机遇期，我们要增强信心，从当前我国经济发展的阶段性特征出发，适应新常态，保持战略上的平常心态。”

“三期叠加”和“新常态”，正是这片乌云下骤起的寒风。

绿地很快就感受到了丝丝寒意。与竞争对手们不同，绿地房地产板块的产品结构相对多元化，除了住宅之外，商业综合体、办公楼、酒店等产品占比颇大，令绿地引以为豪的超高层建筑，便多为商办产品。在经济加速上行期间，企业扩张迅猛，商务活动与消费均极为活跃，这令商办产品受益颇多。在 2014 年以前，绿地的商办产品的销售增速往往快于住宅，这也使其在房地产行业中的排名一再蹿升。但在经济增速趋缓、企业收缩、大批企业破产、实体商业遭受互联网商业冲击的背景下，商办产品便开始出现供过于求、去化困难的情况。而与之相反，由于住宅产品，特别是一二线城市住宅产品的刚需特性，在经济下行期，投资者出于保值增值的考虑，其需求反而开始放大，这使得住宅市场开始出现量价齐升的态势。换言之，在新的形势下，绿地的产品结构可能会对其发展速度产生影响。

另一个隐忧则来自能源板块。绿地在2005年成立能源集团，很早便开展了传统能源开采、深加工、运输和销售活动。2011年前后，绿地能源板块的营业收入甚至一度超过了房地产主业，绿地能够成功跨入世界500强行列，能源板块功不可没。但从2012年下半年开始，受供给严重过剩、需求持续不振的影响，煤炭等传统能源从巅峰迅速衰退，很快陷入全行业亏损的不利境地。以绿地自身为例，2012年年底，其能源板块的收入尚能实现同比增长，但利润已经同比下滑接近50%，而到了2013年，其经营更为困难，甚至出现了亏损。如果在能源领域坚持运营，那么，可能会持续亏损；但如果将能源板块果断清理，则企业必将损失规模。何去何从，颇费思量。

张玉良很喜欢引用松下电器创始人松下幸之助的一句话：“战略就是下雨打伞。”这句话极为朴实，却又绕过那些纷繁的虚幻，直击要害。

乌云压顶，寒风乍起，该是打伞的时候了。

第二章　君子豹变

君子豹变，其文蔚也。

——《易经》

张玉良的玩笑

2015年1月，张玉良在一次媒体见面会上，突然说了一番让人听起来有些奇怪的话："我和中国北车的总经理开玩笑，现在是你卖地铁车厢，可能以后我会是中国最大的地铁投资公司。"

一言既出，满座皆惊。

当是之时，被媒体所热炒的“万绿之争”正日趋微妙。一年前，也就是2014年年初，“房企龙头”万科宣布其2013年房地产销售额高达1709.4亿元，再次刷新全球房地产企业销售额历史纪录，继续蝉联中国地产业冠军头衔。但“唯恐天下不乱”的媒体随即发现，与以往的一骑绝尘不同，这次，矫矫不群的万科身后出现了一个庞大的阴影——这片“阴影”的名字，叫作“绿地”。2013年，绿地的房地产业销售额大幅增长53%，销售额达到1625亿元，距万科仅有80亿元之遥。而遥想4年之前，两者的差距尚以倍计。

绿地的“疯狂”追逐引爆了媒体的想象力，而这场所谓的关于万科与绿地的“地产一哥”争夺战，就此揭开了序幕。与外界的一厢情愿有所不同，事件的两个主角——万科和绿地，对此却保持着刻意而默契的淡然。万科总裁郁亮说：“千万不要以规模扩张来衡量我们是否胜利了……万科已三十而立，在‘青春期’我们比个头、比体重，但过了‘青春期’就不应该再以‘个头’衡量企业。谁想当老大，万科祝福它。”

另一边，已经年过弱冠的绿地亦低调应对。在面对媒体关于“绿地是否将超越万科做行业老大”的提问时，绿地人往往避而不谈，仅表示绿地的目标是提升在世界500强中的排名，并不执着于行业名次之争。

然而，双方在言辞上的“不争”，并不能掩盖其业务上

“争”的事实。随着2014年将尽，双方的销售数据你追我赶，到11月结束时，绿地的销售数据已经反超万科。平安夜前夕，郁亮公开发布“致万科全体同人的一封信”，通篇未提“万绿之争”，却称“从今年开始，我们对于传统业务规模数字的扩张，甚至要保持警惕的态度。规模是一把双刃剑，它意味着行业地位，意味着规模效应带来的好处，但它往往也意味着更大的资源占用，意味着形成更多存货的可能”。斯言寥寥，意味深长。

善于“拱火”的媒体一时喧沸。郁亮的公开信，用词虽然谨慎考究，但解读起来其妙无穷。一时间，所谓“万绿之争”再度甚嚣尘上。这也令人更关心“交战”的另一方——绿地的态度。

就在这时，张玉良却对媒体小小地幽了一默。

怎么，难道在房地产领域与万科、保利、中海等对手厮杀多年，好不容易登上龙头宝座的绿地，竟然要弃“地产一哥”的宝座于不顾，转行去搞地铁投资吗？

张玉良的葫芦里，卖的到底是什么药？

千面绿地，一念心

“绿地到底是一个什么样的企业”这个问题，长久以来一直困扰着对绿地有所了解，却又知之不详的人们。

绿地集团于1992年在上海成立，其成立初衷是为了解决上海市绿化面积过低的问题，成立申请中说明“这家公司的主要使命是城市绿化，同时通过综合经营自负盈亏”。但是，身为“绿化公司”的绿地，很快抓住了上海市动迁房建设和棚户区改造的机遇，在城市化的浪潮中找到了自己的盈利模式，随后跃出上海，在全国从事房地产开发活动。

2005年，国家宏观调控收紧，全行业骤然入冬，有些风头正劲的企业因资金链难以为继而被迫贱卖股权，扩张过快的绿地也险遭不测。经过这一教训，绿地随即在房地产主业之外，成立了建设、商业、能源、汽车服务四大集团，以平抑单一房地产行业容易遭受的周期性波动。自此开始，绿地从一家房地产公司变身为“1+4”的综合性经营集团。

此后，绿地房地产板块的营业收入每年均大幅增长，其能源板块的增长幅度更甚。到2011年前后，绿地能源板块的营业收入甚至一度超过了房地产主业，这令外界惊奇地发现，绿地又变成了一家以“能源+地产”为主业的企业集团。①

绿地有千面，但其遵循的核心思想却只有一条，即张玉良经常强调的“做政府所想，为市场所需”。但在不同的时间与情势之下，政府的政策导向可能有所变化，市场环境亦有不同。

---

① 屈波，郭建龙. 势在人为：绿地廿年进入世界五百强[M]. 北京：中信出版社，2012.

绿地每一次的转型，正是出于对时势的考量。

譬如绿地成立之初，其面对的现实情况是上海人均绿化面积和人均居住面积两个指标全国排名倒数第一。正是这两个倒数第一，催生了政府所想，展现了市场所需，为绿地的出生和壮大提供了空间。而1998年开始的住房制度改革以及随之而来的全国性大规模城镇化和基础设施建设，为绿地在全国范围内拓展房地产事业提供了良好的机遇。2004—2005年，政府为抑制经济过热而对房地产市场进行宏观调控，绿地在房地产之外的建设、商业、能源等领域发现商业机会，便开始进行多元化产业布局，特别是看到上海市对煤炭资源的需求迫切，更是深度介入能源行业，既为政府解决了燃眉之急，也使得企业走上了更为顺畅的成长路径。

走到公司成立20周年的节点上，时势再次发生了变化。从2012年下半年开始，由于供给严重过剩、有效需求不足，煤炭行业骤然入冬，煤炭价格如高台跳水，一路向下，随之而来的是全行业大面积亏损。绿地能源板块从2013年开始，在极端不利的外部环境中艰难求存，但仍不免陷入亏损的泥淖，成为绿地“不能承受之重”。2014—2015年，绿地能源板块的毛利率仅为1.5%，如刨除各类管理成本、销售成本、资金成本，亏损根本无法避免。

此外，虽然房地产板块还在高速增长，但经济下行压力和商业模式的变化对绿地商办产品的销售业绩已产生影响，如果不能做到居安思危，不能为企业下一步的发展找到新的引擎，企业很快就会出现一系列问题。比尔·盖茨曾说：“微软离破产永远只有18个月。”对于这位信息产业巨擘的危机感，张玉良深以为然。

现在，绿地再次来到一个变革的窗口期。善于在战略层面做文章的张玉良，又要给绿地“动刀换脸”了。

《易经》中“革”卦的象辞说道：“君子豹变，其文蔚也。”意思是当时势发生变化时，君子会主动顺应，就如同豹子的长成，展现出美丽的色彩。如今，绿地也踏上了豹变之途。

“一主三大”，绿地新面孔

“转型”这个词，说出来容易，做起来永远不容易。企业提出转型方向，需要兼顾三点：一是当下的环境，正是因为企业的发展方向与当下的市场、政策环境不能完全匹配，因此才要寻求融洽之道；二是企业的基础，转型不可能是平地起高楼，必须基于企业自身的优势，如果放弃将资源集聚在优势领域，转而投入非优势领域，那么企业可能会更快地走向消亡；三是对未来趋势的预判，永远走在时代背后，等风口来时才被动上抢，往往要付出更大的代价，杰出的企业家要善于“预见未来”，在风口到来之前抢先布局，才能在风起云涌之时，飞得更高更远。

经过长时间的观察和思考，张玉良为绿地所确定的转型方向是“一主三大”，加速做强一个主业、推进三大战略，即持续做强房地产主业，加快发展“大基建、大金融、大消费”三个重点领域。这既是绿地的发展战略，也是重要的产业布局。依托于此，绿地将调速换挡，重启引擎。

“一主三大”的布局，当然并非随意而为，而是适合当下环境、切合企业优势、符合未来预期的慎重安排。

在房地产主业方面，绿地已经是全球业务规模最大的房地产企业之一，积累了丰富的经验和良好的口碑，这个优势不可能放弃。尽管房地产业粗放式发展的时代已经终结，但其作为国民经济的支柱产业之一，在城市化刚过中局的今天，可预见的未来市场空间仍然巨大。基于这一判断，绿地仍应致力于做强做优房地产主业，使其持续保持行业领先；但在行业发展的新趋势下，还需要加快商业模式的创新转型，推动房地产主业实现从偏重规模到偏重盈利、从偏重开发到开发运营并重、从偏重国内开发到全球同步开发三大转变。

在大基建领域，绿地早在2004年就完成了对宝钢建设的收购并将其改组为绿地建设集团。此后十余年间，绿地一直在工业与民用建筑等领域持续深耕。当经济步入新常态之后，各级政府对于基础设施投资的需求加大，而国家发改委、财政部对政府和社会资本合作模式（即PPP模式）的力推也使得社会方在工程施工利润之外，还有获得资本收益的可能。这都为绿地在基建领域的爆发式增长提供了良好的外部环境。此外，正如张玉良在那次媒体见面会上的那句“戏言”，绿地还抓住基础设施互联互通投资建设的历史机遇，重点发展地铁产业，在全国经济发展能级较高、人口集聚程度较好的省会城市和区域中心城市，以“地铁+物业”综合开发为核心模式，推动地铁项目大规模落地，快速形成产业发展的规模效应。

在大金融领域，绿地曾在2009年便投资设立了区域性小额贷款公司，涉足准金融行业。而从国际国内的情况来看，金融必将成为大型企业集团的标准配置。基于这种判断，绿地在2011年便领国内房地产行业风气之先，成立了绿地金融投资控股集团，大举进入金融业。在金融板块，绿地将依托房地产主业优势，在细分领域提供具有核心竞争力的综合性金融服务；同时，通过投资并购，着力获取核心金融资产，建立起拥有多种金融牌照的金融控股集团架构体系。

在大消费领域，绿地在2005年就成立了绿地商业集团，随后又从中分出绿地酒店集团，在商业领域长期运作。中国经济步入新常态的另一表现是：具备更新消费理念和更强消费能力的中产阶层正在崛起，消费、投资、出口三驾马车中，消费所占的比例正在持续提升，而这一背景给绿地发展大消费提供了无限的想象力。在大消费领域，绿地重点发展进口商品直销、酒店、旅游等产业，重点关注与中产阶层生活方式息息相关的成长性较好、市场规模较大、盈利能力较强的中高端消费业态；同时，发挥绿地的国际化优势，不断将进口商品直销、酒店、旅游等消费业务打造为具有创新价值的产业板块。

而对于能源产业，随着绿地的整体上市，公众股东对公司利润提出了更高的要求，绿地也终于痛下决心，大量退出能源相关业务。这也意味着，曾经作为集团支柱的能源产业，将不再作为绿地的主要发展方向。虽然剥离能源板块使得绿地失去了 800 亿元的产值，为此相当于在世界 500 强榜单上后退了 100 位，但张玉良并不遗憾："关键时刻必须壮士断腕，如果我不下决心剥离，那么前面赚的钱会输光，现在还会继续输。对于股东来讲，这是绝对不可接受的。"

除了产业经营，绿地如今也更加突出资本的引领作用：一方面，通过战略并购，实现业绩扩张，优化财务结构，另一方面，以资本为纽带，通过控股或参股形成一批发展空间大、盈利前景好、商业模式新的企业，打造一批"绿地系"企业群。

基于上述设想，张玉良对绿地的未来期望是：要成为一家"主业突出、多元发展、全球经营，产业与资本双轮驱动，并在房地产、金融、基建等若干行业具有领先优势的跨国公司"。

这就是绿地在新时代下的新面孔，当然，这也许并非是绿地的最后一张面孔。正如张玉良自己所说，“绿地发展策略的核心是‘时、势’二字，转型、升级在绿地永远是常态”，对于远方，绿地的追逐永远没有止境。

合纵连横的产业魔方

在新兴的互联网产业中有一个名词叫作“重度垂直”，指在一个高度细分的领域重度深化运营，定位明确清晰，积累黏性用户，最终成为细分领域的绝对头部。深度越大，头部越强，其价值就越明显。

绿地的产业集群却有一个完全不同的“玩法”：虽然要求各产业在本行业做精做细，却不满足于做透一个点，而是通过房地产主业的示范、组织和带动，进行横向沟通，相互协同，形成乘数效应。在产业集群的合纵连横之间，绿地的运营手段变成了可以不断变幻的魔方，妙趣横生。

譬如说，房地产主业与基建板块天然具有协同效应——房地产主业可以向基建板块提供房建业务，但这是最低层次的协同。在更高的层面上，如在特色小镇或产业园区的建设中，政府除了需要引入开发商建房，还要做好基础设施建设和产业导入。此时，投资构成就变成了“1+1+1”，即一部分是基础设施建设，一部分是房地产开发，还有一部分是产业导入。具备房地产和基建协同能力的企业，必然将在获取项目方面获得更大的优势。

房地产与金融之间也有着出色的互动。房地产是一个资本投入较大的行业，天生与金融业高度关联。在绿地，金融板块可通过设立房地产基金，导入金融资源，配合房地产开发，也可以将自持物业证券化，增强资产流动性；而房地产板块则可将自持物业提供给金融板块，提升金融板块的线下覆盖率，反过来，金融板块的服务也提升了房地产板块自身的物业价值。在特色小镇的大盘建设中，金融业务还可通过设立小镇产业基金，协助政府导入产业。

房地产与消费之间同样协同紧密。利用绿地的自持物业，大消费的线下布局可以快速推进，如绿地全球商品直销中心（G-Super）在短短一两年间，就已在上海、南京、苏州、常州、杭州、济南等多个城市开设多家门店。此外，在诸如成都这种尚未形成冷链产业的内陆城市，绿地便尝试进行冷链项目投资，在提升自身商业价值的同时，也帮助地方政府解决了产业导入问题。在战略性项目获取、电商物流基地建设、商办物业招商方面，大消费对房地产主业的协同作用不可或缺。

除了内部协同，在对外开拓版图方面，绿地的产业集群也已成为一个撒手锏。2017 年 2 月 27 日下午，陕西省政府和绿地集团在西安签署战略合作协议，根据协议，绿地将在陕西规划千亿元级新投资。双方将在区域综合开发、基础设施建设、金融、消费、混合所有制改革等五大领域加强合作。在地产及区域综合开发方面，绿地拟投建501米超级摩天地标“丝路国际中心”，配套打造国际化金融商业中心及住宅社区，同时打造国际风情小镇。在基础设施领域，绿地将以PPP模式参与陕西省城市轨道交通、高速公路等基础设施项目开发建设。在金融领域，绿地将参与陕西省地方金融资产交易机构的重组整合，推动设立新兴产业投资发展基金和中小企业创新发展基金。在进口商品直销领域，绿地计划3年内在陕西省开设20家绿地全球商品直销中心门店，并将在陕西省落地2个保税仓储物流基地。在混合所有制改革领域，绿地积极与当地国资委洽谈，希望以社会资本的身份，参与当地大型国资企业的混合所有制改革，并推广绿地自身的混改经验。2017年9月26日，绿地与西安市国资委就投资控股西安建工集团有限公司签署协议。其中，绿地投资10.7亿元，以增资扩股方式收购西安建工66%的股权并实现控股，西安市国资委则持有剩余34%的股权。

与陕西省的这次合作，是绿地“房地产+大基建+大金融+大消费”全产业布局的完全落地，其对地方政府的“吸引力”一览无遗。

如今的绿地，视野已经不局限于国内市场，也不局限于某一领域。从注册资本 2000 万元到资产突破 7000 亿元，从羡慕世界 500 强到成为世界 500 强，从一个主业走向主业突出、多业并举、协同发展，25 岁的绿地站在了一个全新的路口，而其未来将更令人充满遐想。

创建 25 年，绿地这头“大象”正在华丽转身，朝着更为光辉的远方挺进。

第二篇 主业长青

第三章　调速换挡后的“三个转变”

唯一不变的是变化本身。

——斯宾塞·约翰逊

2014年年初，当权威媒体刊发重要文章，提出“三期叠加”著名论断之后，在相对困难的经济形势面前，绿地高速增长的势头仍在持续。到2014年年底，绿地全年实现业务经营收入4021亿元，同比增长22%。其中，主营业务房地产的预售金额达到2408亿元，同比增长达到50%，特别是商办产品预售金额达到1296亿元，增长率高达91%。凭借商办领域的发力，绿地得以超越行业龙头万科，首次排名全国第一。此外，绿地的海外战略也已开花结果，当年实现预售金额153亿元，较上年大幅增长467%。更令人欣喜的是，准备了一年多的集团整体借壳上市工作，此时已经进入冲刺阶段，很有希望在2015年获得证监会批准，登陆上交所主板市场。

一片欣欣向荣之际，绿地在自己的2014年工作总结中，高度肯定了集团上下攻坚克难、逆势奋进的成果。但在这份报告的最后也提出了几点不足，其中有一点说道：“部分房地产单位工作粗放，不计后果片面追求规模，在相对严峻的市场考验下，效益严重下滑，部分项目无法盈利，甚至出现亏损。”

盛世危言容易被人忽视，却往往更能发人深省。在绿地大踏步向前迈进之时，眼前的道路已经不再平整宽阔，泥沼时隐时现。它开始放缓脚步，收拾行囊，认真思考下一程的前进方向。

规模隐忧

“我们一部分产业板块和经营单位，自身存在的很多问题在前几年被经济增长大势所掩盖。现在‘退潮’了，‘裸泳’问题也来了：腿也粗了，腰也粗了，身体也走形了，身上的斑点也多，甚至老年斑都出来了，开始走不动路了。”

这是张玉良2015年3月2日在集团月度工作会议上的讲

话，虽然没有直接点名，但其语气之沉重，措辞之严厉，实为近年来之罕见。参会的各产业板块、各房地产事业部高管闻声低头，人人都知道张玉良话中所指的，除了受行业整体形势拖累的能源板块，就是某些业绩不佳的房地产事业部。

这看起来似乎有些小题大做。就在2015年1月，绿地刚刚宣布其2014年全年在房地产行业实现2408亿元的销售收入，一举超越万科成为行业老大。主营业务的风头正劲，为什么刚刚开年就要黑脸训人？

张玉良意犹未尽，继续说道：“如果大家不研究这些变化，不适应这些变化，不跟干部员工把市场形势讲清楚、讲透彻，还一味闷着头上项目，还一味追求所谓的销售规模，这样做能行吗？我告诉你，如果不认真分析市场形势，盲目上项目，今年你得到的是销售额，明年你面对的就是亏损。因此，今年我们在年度考核指标中大幅提升了利润所占的权重，这也是形势所迫。否则，大家还会继续按照过去的惯性工作，这样会有大麻烦。”

到5月下旬，“麻烦”真的来了。因销售不畅、周转不灵，绿地东北事业部的多个项目停工。尽管运营不畅有区域背景的特殊因素，尽管遭受寒冬的并非绿地一家——事实上，从2014年开始，包括中海、保利、恒大、碧桂园、龙湖在内的品牌房企都已停止在沈阳等东北中心城市拿地，并且大幅降价去库存。

但至少，这些品牌房企已经抢在情况彻底恶化之前，以舍弃利润、加速销售的方式回笼现金，并没有出现重大问题。相形之下，绿地东北事业部的窘境就显得非常醒目。

冰冻三尺，非一日之寒。绿地东北事业部正在吞下不认真分析市场形势、盲目上项目的苦果。在历史上，东北是绿地的重点区域之一，其业务增长速度较快。2012 年，绿地东北事业部的销售收入是 52 亿元，2013 年增长 56% 至 81 亿元。2014 年年初，绿地东北事业部将当年的预期销售目标调高至 105 亿元。也就是说，当其他全国性品牌房企开始在东北市场陆续收缩时，绿地在东北市场的销售目标反而继续调增。

事实上，当中国经济步入新常态，区域分化就已经开始显现。在长三角、珠三角、环渤海等资源聚集、创新活跃的区域，经济继续保持较高增速；中原城市群、长江中游城市群、川渝城市群和城市化进程加速的西南省份也开始崛起；但东北、山西等高度依赖资源开发、以国有经济为绝对主体的省份，在新形势下遭遇了人才和资金的不断流失，地区 GDP 增速逐年走低。2014 年，辽宁、黑龙江、吉林三省的地区 GDP 增长率分别为 5.8%、5.6% 和 6.5%，在全国各省市区中排名靠后；2015 年，三省地区 GDP 增长率分别为 3.0%、5.6% 和 6.5%，与山西省一起排名垫底。业界甚至流传着一句不那么中听的话，叫“投资不过山海关”。从这个意义上说，绿地东北事业部的逆势扩张终遭折戟，并未逃脱基本经济规律的制约。

另一方面，2015 年，绿地的整体上市已经进入关键期，大量的报批资料已经准备完成，需要面对监管层的审查。而监管层十分关心的一个问题就是，企业上市以后，利润能不能持续增长？以靓丽业绩包装上市融资，圈了中小股民的钱以后却来个业绩大变脸，这是监管层绝对不能容忍的。这也使得张玉良更加关注规模之外的盈利问题。房地产行业渐入下半场，已经不能再靠简单堆规模来扩大利润。如果一个项目不能获得利润，赔钱赚吆喝甚至连吆喝都赚不到，这样的项目，绿地还能干吗？

商办之问

绿地的产品结构，与万科、恒大、碧桂园等竞争对手有明显的区别，那就是其商办产品的比例明显偏高。2014 年，在绿地 2408 亿元的房地产销售收入中，商办部分的销售金额达到 1296 亿元，占比超过一半。从往年的销售业绩来看，绿地的住宅销售增速通常在百分之二三十，但商办的销售增速却常常在 50% 甚至 80% 以上。正是商办的高速成长，给绿地插上了腾飞的翅膀。

但进入 2015 年之后，市场发生了重大的变化。首先，宏观经济持续承压，许多经营能力较差的企业大量关停，仍在正常运转的企业，出于审慎的考虑，也十分注重控制规模，已经不再有做大资产负债表的冲动，这使得除了在一二线城市的核心地段之外，办公产品出现了普遍的供过于求的状态；其次，电子商务日趋成熟，线上消费规模的不断扩大严重冲击了线下实体商业，马云与王健林“1 亿元的赌局”，在某种程度上映衬出实体商业的尴尬，这使得一二线城市以外的商业综合体，运营步履维艰。

而从另一方面看，2014 年下半年至 2015 年年中，A 股市场迎来了 2008 年之后的又一次大级别牛市。当股市泡沫破裂之后，汹涌的流动性倾泻而出，以寻找下一个有较强保值能力的资产标的。在住宅市场调控相对放松的 2015 年，一二线城市的住宅以其稀缺性重新具有了配置价值，这也使得住宅市场迎来了量价齐升的井喷状态，热度持续提升。

住宅的“热”和商办的“冷”，这就是新时期下房地产市场的两面。此消彼长之下，绿地在地产企业的销售排行榜上的排名开始后退。张玉良后来在接受媒体采访时坦言：“2014 年、2015 年的时候，我们大量转向以办公为主的商业地产。那两年因为国家政策导向，中小企业都买办公楼，我们的销售额增长得非常快。但这两年国家政策导向了住宅，这就让做商业地产多的企业的市场上不来。所以为什么我们 2015 年和 2016 年慢了，实际上是商业地产没上来。”

针对市场的变化，绿地也在调整自己的产品结构。2016 年，绿地的 2550 亿元销售额中，住宅占比 64%，商办占比 36%；合同销售面积中，住宅占比 74%，商办占比 26%。商办的比例已经降到了一个比较合理的位置。

但是，接下去是不是还要继续下调商办的比例呢？房地产是一个开发周期比较长的行业，产品结构的调整无法一蹴而就，假如完全跟着市场调整，很可能出现刚刚调整到位，市场风向又发生变化的情况，那就会白白消耗资源、损失时间。归根结底，商办产品还有未来吗？是不是应该全面停止商办产品的开发？

张玉良相信并非如此。在当前的特殊市场环境下，商办产品比起住宅确实去化偏慢，但市场需求还真实存在，特别是重点一二线城市的办公产品的销售情况仍然较好，因此，绿地并不会放弃在商办领域的深耕。事实上，万科、恒大等以住宅产品为主的行业龙头企业，现在也在往商业地产领域反向渗透。

因此，商办产品的问题其实不是一个问题。绿地不需要纠结做不做商办，只需要考虑如何把商办做好。毕竟，单纯的“开发—销售”模式，在这个结构性供过于求的市场，已经很难维持了。

海外机遇

2015年，中国对外直接投资连续13年实现快速增长，创下了1456.7亿美元的历史新高，位列世界第二，并超过同期中国实际使用外资数额（1356亿美元），首次成为资本净输出国。

事实上，中国资本输出海外的举动，早在2008年次贷危机发生之后就开始加速了。2007年以前，美国大量发放的次级贷款以及基于次级贷款打包生成的天量级的金融衍生品，让美国、日本、欧洲的金融机构赚得盆满钵盈之余，也将美国的不动产泡沫吹到了顶点。而当泡沫破灭，那些“在一条船上”的发达国家金融机构遭到重创，全球经济迅速陷入危机之中。

中国也遭受了次贷危机的冲击，但主要的冲击来自世界经济衰退造成的出口下降，中国自身的金融体系并没有受到过大的影响，内需也仍在上升通道中。随着国务院推出进一步扩大内需、促进经济平稳较快增长的10项措施，中国经济迅速触底反弹，成为稳定世界经济的强力发动机。

经济危机使得发达经济体陷入衰退的同时，也使得其资产价格迅速下跌，开始显现出投资的价值。这一阶段，很多中国企业，不论是代表国家利益的大型央企，还是着眼于抄底全球的大型民企，都开始捕捉对外投资的机会。

相对而言，房地产行业是对外拓展比较晚的一个行业，主要原因是，当时中国的人口红利并未消退，房地产市场总体仍然供不应求，房地产企业没有理由放弃中国的巨大市场，而冒险去做海外的小市场。

但张玉良很早就表现出了对海外市场的兴趣。在绿地刚刚成立不久时，他就有在澳大利亚建立公司的打算，为此还派出两个人去澳大利亚探路。但当时的绿地个头实在太小，这一尝试最后无疾而终。2003 年，绿地受上海市政府委托参与俄罗斯波罗的海明珠项目的投资建设，当时投入了不少精力，还打算进一步拓展欧洲市场，但因种种原因未能如愿。这些举措虽然没有成功，但至少映射出一点：张玉良很早就怀有做跨国公司的梦想，绿地走向海外发展这条路，只是时间早晚的问题。

2012 年，张玉良意识到海外发展的时机已经到来了。一方面，中国资本的影响力正在与日俱增，文化和制度的无形壁垒正在慢慢消解；另一方面，许多发达国家的资产价格处于历史低位，但已看到复苏迹象，此时布局既能获得当局支持，也容易取得超额收益。

于是，从 2012 年开始，绿地在继续深耕国内市场的同时，也开始抽调精兵强将，像老练的猎人一样，不断搜寻着海外的投资机会，并开始快速布局。

“三个转变”与“两大两重”

2015年，绿地发布了《绿地集团中期发展规划纲要（2015—2020）》，其中特别强调：“在具体发展实践中，集团将围绕宏观经济和行业发展的新趋势，加快创新转型，着力提升房地产主业的核心竞争力，使其实现从偏重规模到偏重盈利、从偏重开发到开发运营并重、从偏重国内开发到全球开发三大转变。”

这三个转变，正是绿地应对前述三种情况的新办法。如果说过去的房地产市场是纯粹的增量型市场，可以用非常粗放的方式跑马圈地，只要做大规模就有行业地位，就有巨额的利润和通畅的融资渠道，那么，如今的房地产市场已经开始向存量型市场转化，获取超额利润已是奢望。房地产企业所能做的，就是从各个角度提升企业的竞争力，让企业在存量博弈中走得更远。偏重盈利能增强企业的资金实力和可持续发展能力，开发运营并重能提升自持物业价值产生超额回报，全球开发可以让企业在全球市场中寻找机会、拓展盈利来源。这三大转变，都是提升企业竞争力的方法。

2017年，绿地又进一步提出，房地产行业已逐渐进入以“两大两重”为主要特征的新阶段。所谓的“两大两重”，即“大企业、大项目，重产业、重运营”。

所谓“大企业”，是指未来行业的集中度将持续提升，小企业将逐渐消亡，而大企业会越来越大；所谓“大项目”，是指大企业会越来越多地深入大盘、超大盘产品的开发；所谓“重产业”，是指未来的产品不可能以单一业态单独存在，而必须有大量产业的导入；所谓“重运营”，是指不能走简单的“开发—销售”模式，而要通过强化运营，提升持有物业的价值，最终实现提升回报的目的。

总体而言，“两大两重”思路是在2016年市场继续发生变化之后，对“三个转变”思路的进一步延伸。但是，此前既然强调盈利重于规模，又为什么要提出“大企业”和“大项目”呢？

第四章　大企业做大项目

凡有的，还要加给他，叫他有余；凡没有的，连他所有的也要夺去。

——《新约·马太福音》

房地产业的马太效应

中国的房地产业一直在收缩和刺激的循环中向前发展。2016年年末，中央经济工作会议指出，要坚持“房子是用来住的，不是用来炒的”的定位，建立符合国情、适应市场规律的基础性制度和长效机制，既抑制房地产泡沫，又防止出现大起大落。

2016年对于房地产行业来说，属于“丰年”，但在悄然间，丰收的内涵已经发生了变化。根据《2017中国房地产百强企业研究报告》披露的数据，2016年前50名企业的销售额中，来自一二线城市的销售额占比达到83.9%；并且，从2012年起，中国十强企业的市场份额从11.5%提升到2016年的18.6%，百强企业的市场份额从28.3%提升到40.8%；在整体收入增长数据中，十强企业的销售额增长率高达56.8%。

从这些数据中可以发现，处于“头部”的那些房地产企业的规模效应正在膨胀。中国房地产的四成收入，被排名前100名的企业拿走，并且主要阵地是在国内一二线城市。

《新约·马太福音》中说：“凡有的，还要加给他，叫他有余；凡没有的，连他所有的也要夺去。”这就是所谓的“马太效应”。简单地说，马太效应就是“强者愈强，弱者愈弱”。由于房地产市场已经由增量型市场向存量型市场过渡，在2016年住宅市场相对火爆的前提下，大型品牌企业的集中度还在进一步提升，一旦市场遇冷，中小房地产企业的境遇可想而知。事实上，在2017年住宅市场受到严格调控之后，这种苗头已经渐渐显现。

因此，这也让绿地看到，尽管房地产企业的发展战略不应再以规模为唯一目标，但企业仍然要持续发展，不断成长，未来才有出路。从某种意义上说，未来企业不发展或慢发展造成的风险，将比过去更大。因为将来，房地产市场中“大吃小”“强并弱”的趋势一定会出现。这也是在新的发展阶段，更要强调“永不满足、思变图强；永不止步、争创一流”的意义所在。

大项目的历史机遇

在海南省儋州市排浦港与洋浦港之间的海湾区域，有三座人工填海形成的离岸小岛，面积约为 8 平方千米，相当于迪拜棕榈岛的 1.5 倍。2015 年以来，恒大集团决定投资 1600 亿元以上，在这里建设地产项目。因为规划平面形状似盛开在海中的花朵，该地产项目被取名为“海花岛”。

无独有偶，在马来西亚新山伊斯干达特区内，另一个面积更大的填海地产项目也正开发得如火如荼。这个被定名为“森林城市”的地产项目，占地面积约 20 平方千米，相当于澳门的 2/3，总投资将超过 2500 亿元，它的控股方是碧桂园控股有限公司，股权占比 60%。

这两个项目是过去两年内大型房地产企业新动作的一个缩影。动辄年销售额过 3000 亿元的地产巨擘们，已经不满足于单项目数亿元或数十亿元收入的零敲碎打，而启动了更为轰轰烈烈的“超级大盘”运动——或者，也可以称之为“造城运动”。和经济学上的“二八法则”一致，它们希望在20%的项目上，取得80%的收入。

对企业而言，操持超级大盘有着独特的好处：这样的大盘对企业品牌影响力的提升非常之快，而且如果宏观环境好，超级大盘对企业的销售业绩增长会有非常明显的拉动作用。尽管超级大盘对于企业的资金实力要求很高，但大型房地产企业有的是办法来解决资金问题，通过滚动开发也可以平抑资金使用的波动性。而也正由于超级大盘的开发壁垒，大型企业面临的竞争压力有所减轻，由此也出现了获取超额利润的可能。

但最大的难题在于超级大盘的选址——既要有大面积可供开发的土地，又要符合政府的规划，还要有未来人群聚集的预期，避免造成“空城”“鬼城”。

但如今，这个机遇已经浮出了水面——因一二线城市的人口溢出而形成的卫星城市和特色小城镇。

《国家新型城镇化规划（2014—2020年）》指出：“优化城镇规模结构，增强中心城市辐射带动功能，加快发展中小城市，有重点地发展小城镇，促进大中小城市和小城镇协调发展。”《国民经济和社会发展第十三个五年规划纲要》也提出：“增强中心城市辐射带动功能。发展一批中心城市，强化区域服务功能。超大城市和特大城市要加快提高国际化水平，适当疏解中心城区非核心功能，强化与周边城镇高效通勤和一体发展，促进形成都市圈。大中城市要加快产业转型升级，延伸面向腹地的产业和服务链，形成带动区域发展的增长节点。”

此外，国家也正在倡导特色小镇的培育和建设。2016 年 7 月，住建部、国家发改委和财政部联合发布了《关于开展特色小镇培育工作的通知》（建村〔2016〕147 号），希望到 2020 年，培育 1000 个左右各具特色、富有活力的休闲旅游、商贸物流、现代制造、教育科技、传统文化、美丽宜居等特色小镇，来推动新型城镇化和新农村建设。而从资金、资源、人才的流向规律来看，未来有可能蓬勃生长的特色小镇，一般也会聚集在核心城市的 1~2 小时交通圈内。

这也就意味着，新型城镇化进程已经显现出不同的特点。过去，各类资源要素由乡村向小城镇，再向大城市单向聚集。而现在，当大城市发展到了饱和状态，产生“溢出效应”，人口和各类要素开始向大城市周边地区扩散，将逐渐形成拱卫中心城市的卫星城镇，而在部分距离中心城市不远，且具备特色产业、特色资源的地区，则有可能形成星罗棋布的特色小镇。发达国家的城市群、卫星城镇的发展规律，也在印证这一判断。

绿地的超级大盘：绿地长岛

绿地看到了这个机会，也提前进行了土地储备和开发。更令人惊异的是，绿地开发超级大盘甚至比恒大操盘海花岛、碧桂园操盘森林城市还要早得多。在十多年前的 2003 年，绿地就和紧邻上海的昆山市花桥镇政府合作，在当地开发了一个占地面积 5200 亩（约 3.5 平方千米）的产业小镇，并将之命名为“绿地 21 城”。在开发住宅之外，绿地还为这个小镇配套了宽阔的市政道路，多个集购物、餐饮、娱乐于一体的商业综合体，导入了充足的教育、医疗、健身、便民服务资源。经过十余年的建设和培育，到 2016 年，绿地 21 城为当地贡献地区 GDP 达 37 亿元，年纳税额近 6 亿元，创造就业岗位 2 万余个，社区人口达到 7.4 万人，大约占到花桥镇人口的 1/4。

2013 年，绿地的超级大盘战略继续升级。这一年，绿地在上海的后花园——崇明岛之侧，拿下了一座小岛，并决定在上面兴建一座生态小镇。这就是绿地的万亩大盘——绿地长岛。

绿地长岛位于长江北入海口，南依崇明岛，北靠江苏启东、海门。项目总规划面积约 2.35 万亩（约 15.7 平方千米），总投资将达到 2000 亿元。规划有四大主题区域，包括度假区、休闲区、运动区和旅游区。

有趣的是，这块土地原本没有绿地的份儿。最初承担岛上围垦任务的是一家江苏企业，做完围垦之后，这家企业先后找了恒大、万科、保利等一线开发商，希望它们能够接手开发。然而，这些巨头兴冲冲地来看完地块之后，又摇着头走了。原因很简单，当时的市场环境并不算火热，而长岛地块又十分荒凉且地处偏远，甚至在行政区划上，也是属于江苏启东而不是属于上海。这使得几个地产业巨头断定，开发这个地块，将来在融资和销售上都会遇到问题。

得知这个项目之后，张玉良亲自带队去现场进行了考察，只见一望无际的滩涂之上，人迹罕至，唯有无边无垠的芦苇丛中传出鸟鸣声声。回来后，对于是否要立项开发，随队考察的高管们都皱起了眉头，纷纷表达反对意见。最后，张玉良一拍桌子，力排众议：“做！这个地方未来将是上海的后花园，一定会有前景。绿地具备操大盘的能力，别人不做，我们来做！”

这种普遍的“看淡”在土地公开招拍挂时继续得到印证——岛上地块竞拍者寥寥，与其他成熟地块的“地王大战”相比，实可谓冰火两重天，而这也更让人对项目的未来产生疑虑。为了消除大家的疑虑，鼓动士气，张玉良将这个形状有些狭长的地块与富人聚集的纽约长岛相提并论，将其定名为“绿地长岛”。

绿地长岛

项目敲定之后，从2014年上半年开始，开发工作热热闹闹地开始了：售楼处、样板房、启动区……各项工程陆续开工，原本宁静的小岛上，第一次显现出欢腾的场景。到2015年6月，售楼处终于对外开放，绿地长岛产品开始发售。然而很快，绿地人的喜气洋洋就变成了愁眉苦脸。

变脸的原因是销售额严重不及预期。原本，长岛项目在2015年的销售目标是50亿元，但最终只完成了不到12亿元，完成率还不到30%。由于项目地处偏僻，银行不愿意接受这里的地块作为抵押。实际上，绿地开发该项目所使用的都是自有资金，而且前期的土地款和工程款投入已接近百亿元之巨。现金流压力之大，令操盘项目的绿地事业二部如坐针毡。

经过反复研究，绿地发现自己对项目产品的定位有一点偏差，正是这一点偏差造成了销售遇冷。原来，绿地最初对绿地长岛的定位是高端养老度假基地，但重在高端度假而非养老。基于这种理念，绿地在其中一个区块设计了马术、高尔夫等场地，甚至还想过让每家院子与河流联通，使私人游艇可以直接泊进后院。这样的设想当然很美，但是在实际面向市场的时候，由于地理位置与上海有一定距离，高端人群对此往往兴趣寥寥；而且从另一方面来说，高端人群的基础数量原本就偏少，很难作为主力客群来培养。

不过，绿地事业二部在营销过程中发现，与高端人群的冷淡相比，有养老需求的客群却正在踊跃出现。于是，绿地长岛的整体定位迅速调整为养老、文旅、度假并以养老为主。相应地，产品面积、售价都做了一定的调整，同时增加了许多休闲、社区服务、第三产业引入（如医疗、游乐、酒店）的内容。重新定位的绿地长岛不再是富豪阶层短期度假的居所，而变成了富有生活情趣、提供工作机会的休闲小镇。同时，也以其精装、总价低、不限购的特点，吸引了不少有养老需求的上海中老年人和希望将父母接到一起就近居住的“新上海人”。

调整策略后的长岛在销售上取得了极佳的成绩。2016年，绿地长岛的销售成绩大幅增长544%，销售额达到76亿元，且销售热度还在不断提升。

2016 年 12 月，上海市公布了《崇明世界级生态岛发展“十三五”规划》，明确了崇明岛的未来定位是具有国内外引领示范效应、社会力量多方位共同参与等开放性特征，具备生态环境和谐优美、资源集约节约利用、经济社会协调可持续发展等综合性特点的世界级生态岛。为充分顺应这一规划，绿地长岛也对开发工作做了大量调整，包括大幅减少建筑面积 300 万平方米以上、控制建筑高度在 40 米以内、增加生态绿化总量、优化景观环境设计等。作为世界级生态岛的重要组成部分，通过打造人与环境和谐共生的低密度、开放型绿色示范空间，绿地长岛的未来将更加值得期待。

绿地长岛的启示

显然，绿地的目标并不只在于一个长岛。张玉良曾表示，从 2017 年开始，绿地可能要在全国做 15~20 个这样的大盘。如果以每个大盘每年销售 150 亿元来计算，“超级大盘”策略未来将会给绿地带来 2000 亿~3000 亿元的销售收入。在利润不断下降的房地产领域，通过大规模方式持续获利，这也就是强者恒强的真实意义。

但是，大盘战略的实施并非轻而易举，绿地长岛一开始的滞销也体现了这一点。接手超级大盘意味着对开发商的资金实力和开发能力的双重考验，如果因开发失败造成资金链断裂、超级大盘烂尾，这将不仅是企业的灭顶之灾，对地方政府和区域经济来说，也会是不可承受之重。那么，绿地长岛的成功热销，对于绿地的“大盘战略”究竟有什么启示呢？

最核心的启示或许在于，超级大盘的开发逻辑与传统住宅楼盘的开发逻辑已经完全不同。传统的住宅楼盘，是要找到一块配套良好或者预期将配套良好的地块，规划建设优质的住宅产品、景观绿化，导入良好的物业服务，再辅之以得当的营销策略，就有可能获得成功。然而，超级大盘占地通常在万亩以上，开发面积往往达到百万平方米之巨，容纳人口也可超过万人。也就是说，相比于一个“小区”，超级大盘更像是一个人口稠密的“小镇”。换言之，超级大盘的开发商，已经不再单纯是一个房地产开发商，而是一个小城镇的开发商和运营商。房地产开发模式，在这里进入了“产城一体”的新时代。

绿地长岛最初的定位和营销导向，着重于高端体验和奢华配置，所营造的只是豪华小区的放大版，无法承接起一座小镇的功能需求。在意识到这一点之后，绿地改变了策略，以养老、休闲为主体定位，开始规划导入酒店、游乐设施、医院甚至是创客空间。这些配套产业实质上是大盘的“灵魂”，它们使得远郊小镇有了自我循环、自我生长的生命活力，也增强了对于以生活、工作、休闲、养老为需求的庞大的中产客群的吸引力，为承接核心城市的溢出人群提供了可能。

可以说，当大型开发商的使命从开发社区变成了开发小镇，那么，从开发到“开发+运营”、从居住到“居住+产业”的转变就已经产生了。这也是绿地在新时期下提倡重产业和重运营的原因所在。

第五章　重产业与重运营

（房地产的）“黄金时代”可能已经过去了，但“白银时代”“黄铜时代”还是可以期待的。“黄铜时代”已经很好了，当今中国有几个行业敢说自己处于“黄铜时代”？但是，过去那种依靠房价单边上涨和土地价格低廉的粗放式发展已经难以为继了，粗放经营、粗制滥造必死无疑，只有精耕细作、系统提升运营管理水平才是根本出路。

——张玉良

产城一体，绿地的造城模式

在三部委《关于开展特色小镇培育工作的通知》中，有这么一句话："以产业发展为重点，依据产业发展确定建设规模，防止盲目造镇。"国家发改委城市和小城镇改革发展中心副主任乔润令也在一次论坛中表示："特色小镇要重视产业立镇，避免房地产化。培育特色小镇不可能没有房地产进入，但要重视培育产业，防止特色小镇成为房地产小镇。"中央政府的担心并不是没有道理的，以往鄂尔多斯等地因为产业空心化而形成的"鬼城"现象，不但造成资源的大量浪费，还因此形成了大量的呆坏账，严重冲击了地方金融秩序，给地方经济发展蒙上了巨大的阴影。

绿地在以绿地长岛为标杆的特大盘操盘中，已经十分重视产业、生态与开发的结合。事实上，绿地长岛并不是绿地所造的第一座"城"。在绿地，造城模式已经进入了4.0版本。

绿地造城的1.0版本以住宅大盘为主，同时辅以必要的商业配套，代表作就是位于江苏昆山花桥镇的"绿地21城"。如今的花桥已经有轻轨与上海连接，成为上海较为重要的卫星城，吸引了不少公司的江苏区域总部进驻。但绿地在2004年开建"绿地21城"时，花桥区域还以种植水稻为主，在昆山市内的经济排名都相当靠后，更没有被上海人接纳的可能。在整个花桥没有品牌开发商的时候，绿地不仅开发了全业态的住宅，还配建了绿地商业中心、绿地东方医院、绿地酒店、绿地生活广场、绿地家世界等数十万平方米的商业配套。整个“绿地21城”不仅自我运转良好，也带动了花桥的快速发展。

绿地造城2.0版本的产品，就是根据绿地率先提出的“大型城市综合体”理念大举打造的城市商业办公配套综合体。城市综合体，是把城市中的商业、办公、居住、旅店、展览、餐饮、会议、文娱和交通等城市生活空间有机结合起来，使其基本具备现代城市的全部功能，所以也被称为“城中之城”。绿地在全国各地打造的大型商业综合体，基本上都属于造城2.0模式。

而绿地造城3.0版本被称为“产业新城”模式，是在城市新城板块上，在开发住宅以及配套商业办公的同时，通过搭建产业平台，形成人口导入和聚集。南昌绿地国际博览城和武汉绿地城项目就是绿地造城3.0版本的两个样板。

南昌绿地国际博览城地处南昌市九龙湖新城核心区，总投资高达300亿元，集会展、会议、商务、商业、文化、旅游、风情小镇“七位一体”。该项目于2012年年底奠基，2013年8月正式开工，到2016年11月，首期开工的南昌绿地国际博览中心已正式启动运营。该中心由担纲设计过上海金茂大厦、南京紫峰大厦、上海中心等诸多地标的美国SOM建筑设计事务所负责设计，项目总建筑面积达到45万平方米，会展单体面积就达到27万平方米，建成时是江西规模最大的单体建筑，软硬件配套均属一流。自2016年11月以来，国际博览中心已承接国际国内展会15个，接待人次达25万。特别是在第四届世界绿色发展投资贸易博览会和第九届中国绿色食品博览会会展期间，国际博览中心以其良好的形象，获得了与会80多位国内外政要的高度赞许。根据推算，绿地国际博览城全面建成后，每年将拉动南昌地方国内生产总值增加600亿元，带动地方政府税收收入增加140亿元，导入人口18万，新增就业岗位5万个，成为区域经济发展的重要引擎。

南昌绿地国际博览城效果图

武汉绿地城暨欧洲风情小镇位于武汉市汉南区，是武汉的“后花园”。2012年11月，绿地与武汉市汉南区政府签订合作协议，准备打造净用地超过3200亩（约213万平方米）的小镇项目。该项目集旅游文化、商贸服务、医疗健康、教育文化、文化创意、影视基地等13种产业于一体，完工后将成为华中唯一“欧洲风情现代新城”。如今，武汉绿地城已经初具规模，区域内欧式建筑林立，弯曲的小径、巨大的喷泉、精致的雕塑，无不散发着独特的魅力。开发面积10万平方米的“华中第一大”奥特莱斯商业街已于2016年国庆节对外开业，GUCCI（古驰）、COACH（蔻驰）等世界名品折扣店已入驻。旅游资源和丰富产业形态的导入，无疑将使这一区域的未来更具活力。

而当前，绿地正在通过打造特色小镇的方式，全面启动造城4.0版本，也就是全产业协同造城。“全产业协同模式，是绿地造城模式的4.0版本。不仅开发硬件，更全方位输入软件，通过自有产业平台即可搭建整个产城项目的运营体系。”张玉良认为，这种全产业链一体化模式是绿地独有的竞争力，以大基建、大金融、大消费为基石的绿地多元化产业将持续释放竞争力。

为了加强4.0版本的造城能力和综合产业的相互促进，绿地还选择与高校合作，引入具有更高经济附加值的高科技产业，增加新城活力。2017年3月和6月，绿地集团与上海两所著名高校——上海交通大学和复旦大学分别合作，发起设立科技产业平台。借助这两个平台，绿地将因地制宜，打造一批“创业点”“创业区”和“创业城”，为入驻的科技企业配置高水平的硬件服务；同时，依靠绿地金融产业的力量，为两所高校的初创企业提供天使投资、风险投资、私募股权投资和并购金融服务等全周期金融服务；在条件成熟时，则通过战略并购、财务投资等资本运作手段，将科研成果转化而来的产业纳入绿地产业版图，形成一批“绿地系”的科创企业集群，从而打造绿地战略性的新兴产业板块。

交大绿地科创公司成立

复旦绿地科创公司成立

绿地在造城的同时导入自身产业资源，连接外部尖端资源，在做大做强自身产业的同时，也提升了所造之“城”的物业价值，丰富了集团的业务架构。房地产主业与综合产业相互促进，相互增值，这也许就是绿地作为一个综合经营集团参与“造城运动”的最大意义。

企业服务平台，办公运营之道

随着第三产业的崛起，“楼宇经济”这个概念开始出现。楼宇经济始于20世纪90年代的深圳和上海，随着改革开放的不断深入，因其具有占地少、污染小、效益高、带动强以及人才、技术、信息、资金等要素聚集等特点，颇受地方政府欢迎。上海陆家嘴、北京朝阳CBD（中央商务区）等，都成为楼宇经济的典型代表。

另外一个比较有特色的现象叫作“园区经济”。各类园区如经济开发区、高新技术开发区、出口加工区、保税区等，逐渐向多功能、专业化发展。

政府对于楼宇经济和园区经济的热衷一度造成了商办市场的极度火热，这也给绿地这样的“商办专家”带来了许多发展机遇。但在经济新常态下，企业经营开始收缩，商办产品的销售便开始遇冷。

其实，如今楼宇经济和园区经济的发展问题表面上看是空置率的问题，从根源上看是没有很好地完善闭环连接。比如，目前市场上的写字楼、产业园仅仅具备硬件，各类物业只能提供简单的物业服务，而从业人员的服务能力有限，服务的内容能级较低，与最初定位和入驻的企业不相匹配。很多园区和写字楼虽然有政策优惠，但是政策落地执行很难，企业也不了解怎么跟政府对接，去享受这种优惠。再比如，从经济基础、研发环境等条件看，除少数地区具有发展高新技术产业的基础和优势外，大部分园区提出了与自身条件不相符的产业发展计划，前景充满不确定性。

随着竣工交付的办公楼和入驻企业的数量越来越多，绿地越来越深刻地认识到了这一点。现在，绿地不只重视开发和销售环节，运营也成为非常重要的一项增值服务。绿地通过“产品+服务”的企业服务平台，探索出了自己的商办运营之道。

企业服务平台分为低、中、高三个层级，即基础价值服务、中端价值服务、高端价值服务。

基础价值服务方面，企业服务平台提供了集成办公中心和商务配套中心。集成办公中心可以为客户提供短期办公租赁、视频会议室和集中会议室，降低企业的办公租赁成本。商务配套中心能够帮助业主申请绿地旗下酒店的协议价格，提供进口食品的直送服务，帮助园区和写字楼建设集中食堂，等等。这些都是大多数企业早期的刚需，既为公司节省了成本，也让员工得到了实惠。

中端价值服务主要体现在扶持企业发展和招商招租两方面。绿地通过与政府沟通协调，在自己的办公楼中设置专门的政务服务窗口，解决了企业办理相关政策手续需要自己频繁跑腿的“痛点”。此外，中端价值服务还能提供投融资服务、企业商学院、品牌推广、企业招聘会等内容。以投融资为例，绿地本身有金控集团，通过互联网金融的方式，给企业提供的融资成本不到7%，这解决了很多企业的燃眉之急。

在高端价值服务方面，绿地企业服务平台建立了企业家俱乐部和海外服务中心。企业家俱乐部更像是一个高端社交圈，通过社交连接，促成商务合作。海外服务中心能够协同整合绿地的海外资源，帮助企业解决去海外发展的难点问题，对于企业主私人的一些个性需求，比如移民、留学、法律、医疗等，都能提供一站式的服务。

从企业服务平台来看，绿地正在围绕政企联动、招商招租、企业家俱乐部三个中心，建造一个属于商办领域的独特模式。三个层级的服务若能长效落实，绿地与企业业主之间的连接自然将得到持续强化，而这一点，或许会带来更多更大的机会。

“会玩”的商业综合体

想象一下这样一个场景：刚刚毕业不久、远离家乡独自在大城市打拼的单身青年小张，在星期五下午结束了一周的辛勤工作。他刚刚参与完成一个大项目，决定用一个轻松愉快的周末来犒赏自己。在这个城市里，他有一群关系亲密的好友，到了晚间，大家呼朋引伴，打车来到闹市区，进了一栋大楼。这栋大楼从外表看，与普通的商务楼似乎并没有什么区别，只是霓虹灯上闪烁着“魔奇俱乐部”五个大字。

推开大门，缥缈空灵的音乐宛若来自天际，五颜六色的射灯将大厅装扮得一片绚烂，这令年轻人忘记了工作的疲惫，情不自禁地哼起了歌。进入电梯前，大家为晚餐应该是在二楼吃火锅还是该在三楼吃日式料理有了一点小小的争论，但随后很快达成了一致——去四楼吃一家新开的网红店。晚餐在欢乐的氛围中结束，热爱电竞的小张说：“走，谁跟我去玩英雄联盟？”这个提议立刻得到了兄弟们的附议。女生们不干了：“好不容易聚一晚，说好了陪我们去桌游，你们反正要通宵，先陪我们桌游，完了你们再去打游戏！”男生们只得发扬绅士风度，陪女生们进了同一层楼的桌游馆，玩起了“三国杀”。闹腾到了晚上 11 点，女生们陆续告辞回家，男生们却精力正旺：“走，去杀几局！”一行人飞也似的冲到了六楼的网咖，点了醒神用的咖啡，开始玩起了游戏。到了凌晨5点，小张已经哈欠连天，一推键盘：“不玩了，上去睡觉。”几个年轻人勾肩搭背，上楼办理了短租入住，住进了“魔奇公寓”。这一觉睡得酣畅，小张被电话铃吵醒时，已经是夕阳西下。他拎起话筒，话筒里传来朋友的声音：“走，下去吃晚饭，吃完去六楼K歌！”

这是一群城市青年的一个普通的周末。在这一天里，他们所有的活动范围，都没有超出这栋叫作“魔奇俱乐部”的大楼。而这栋大楼并不只是存在于故事中，在武汉，绿地很快就会将它推向市场。在这里，几乎集成了年轻人感兴趣的所有元素：餐饮、电竞、桌游、KTV、直播间、电影院、密室逃生、酒吧、书屋……很多像小张这样的都市年轻人，可以在某个需要放松的周末，在这里度过无忧无虑的两天，然后再回到紧张的工作中去。可以想象，这样“会玩”的魔奇俱乐部，很有可能成为未来都市中的90后、00后的大本营。

“魔奇俱乐部”只是绿地商办新玩法中的一种尝试，在购物中心类的商业综合体中，绿地还希望打造一个以中产阶层以上人群为主要客群的“大观”品牌。既不同于一般购物中心的百花齐放，也不同于专业市场的极度细分，“大观”购物中心将引入涉及生活所需的方方面面的商品，但这些商品在进驻之前，已经进行了数轮筛选——在每个品类之中，绿地将只选择几样引领风潮的轻奢或豪华品牌。当人们步入“大观”购物中心，他们既无须为找不到想要购买的商品品类而担心，也用不着在过多的品牌中间犯“选择恐惧症”。通过前置筛选工作，绿地已经将自己的“大观”购物中心变成了针对中产以上阶层的买手店，在极大地方便目标客群之余，商业综合体也找到了自己的精准定位。

通过优化服务、提升运营能力，绿地在商办产品开发之外，有了更多贴近企业用户和个人用户的办法。不同于冷冰冰的财务数字，这些充满温度的软实力，也许会在未来带给绿地更多的惊喜。

第六章　向管理要效益

魔鬼存在于细节之中。

——密斯·凡·德罗

打通经络的ERP系统

ERP系统，全称Enterprise Resource Planning（企业资源计划），是从MRP（物料需求计划）发展而来的新一代集成化管理信息系统，它将物资资源管理（物流）、人力资源管理（人流）、财务资源管理（现金流）、信息资源管理（信息流）集于一体，仿佛企业的“神经系统”，可以辅助经营全流程高效运转。从一个现象可以看出这个系统的不同寻常：当来自福建的世茂地产在2013年成为中国首家整合上线ERP平台的房地产企业之后，美国三大评级机构之一的惠誉将其评级上调了一个级别，以肯定其绩效、整合能力及财务管理的改善。

其实，在2013年以前，中国的房地产企业普遍都只有部门级应用系统，缺乏集成一体化的大型业务管理平台，绿地也不例外。当时的绿地只有财务系统和营销系统，其余数据以手工制表填报为主。当业务越做越多，这种填报方式不仅工作量繁重，令各区域公司怨声载道，也难以保证效率和准确率，集团领导层更是无法对数据进行深入的分析，从而影响决策导向。痛定思痛，张玉良终于拍板，决心把ERP系统做出来。

为了学习经验，张玉良亲自带队，到上海的两家大企业——上海电气和华谊集团取经，此外，也了解了一些先行的同行企业在ERP系统上的做法。但是，参考企业的特点是强总部运营，资金、资源都是由集团统一管控，和绿地的分权模式有较大差异。如果直接上线和参考企业一样的系统，各区域公司就没法根据自己的权限灵活运作，这将直接影响企业的正常经营。基于这种考虑，绿地最终决定独立自主地开发ERP系统。

用形象的语言说，绿地的ERP系统是做了一个“凳子”。系统是凳子上的那个凳面，而支撑它的是四条凳腿，即四个原则：第一是改变了原来分散冗杂的登录方式，使用跟随员工ID的统一账号进行管理；第二是将原来总部和各区域分散的审批流程在一个平台上横向、纵向打通；第三是建立集团内部专用的局域网，按照总部—区域公司—城市公司—项目公司进行四级管理；第四是建立了基于微信企业号的移动平台。

绿地的ERP系统提供了各种可用的流程模块，为全集团提供了一个标准，但区域公司可以在满足集团要求的基础上，根据自己的需求任意组合模块，添加新的流程，这就非常契合绿地的分权特征，体现了“平台分层管理”的特点。而ERP系统将其中三个核心条线——财务、营销和成本数据横向打通，相互勾稽协同，又体现了其“系统精简集成”的特点。

为了建成ERP系统，绿地在一年多的时间内梳理了超过800个国内外项目，到系统正式上线，一共用了两年半时间，其最终成果也受到了IT专业媒体“ITValue”的称赞：“……（ERP平台）帮助绿地集团实现跨条线数据核对和业务流程集成，由此带来的精准业务数据成为企业精细化管理和业务创新的基础。此举不仅帮助企业加强资金管控、降低经营风险，也重新定义了ERP，树立了房地产企业运营管理的新标杆。”

确实如此，ERP系统的建成彻底打通了绿地的“经络”，原来由气血不足、脉络不畅导致的企业管理上的种种漏洞，现在得到了充分的暴露，由此带来了提升的可能，绿地上市所需要的日常审计工作也同时拥有了准确的数据基础。而更重要的是，数据的口径统一、快速关联和精准整合为集团决策提供了依据，通过成本分析、存货管理、预算管理等动作，为“降成本、去库存、抓管理”改革提供了数据支持。

在这个数据即资源的时代，对数据的应用并不局限于那些新兴互联网企业。庞大如绿地者，也正在拔步追赶，努力拥抱信息化的浪潮。

数据化的营销方式

不同房地产企业在营销管理方面有所不同：有些房地产企业采取强总部的模式，项目由区域总部负责，而集团相对集权，资金集中管控，物资统一采购，运营一体化；有些房地产企业则相对民主，除了拿地和高管任用外，集团各个分公司的自主权限很大。

绿地介于两者之间。总部除了建立标准化体系之外，还要对每个月的指标负责。如果哪个事业部完成不了指标，总部会进行指导，甚至派人直接坐镇，去现场解决问题。

绿地在营销管理上非常较真，不同于喜欢用代理制或联合代理制的其他开发商，绿地自始至终都将销售的管控掌握在集团手中。通过长时间的运转并从中总结规律，绿地启动了针对营销的精细化管理。

绿地基于案场的管理诀窍是“率化管理法”。所谓“率”，是指专访率、来访转卡率、大卡率、大定率、签约率、老客户介绍成交率、回款率等几个交易环节中的重要组成部分。这个管理办法的核心，是将来电接听、客户来访、交意向金、交定金、签约、后期维护、以老带新等营销过程中的重要节点，全部进行数字化记录和可视化的数据归纳。经过一段时间的磨合，每个销售员的各项率化指标都会相对稳定。这些率化指标就变成了营销条线的基础大数据，针对这些数据，可以从以下几方面进行精细化管理。

1. 明确了每个销售员的相对强项和相对弱项，可以有针对性地对其弱项进行培训，快速有效地提升其销售能力。

2. 可以根据销售员的特点进行销售组合，令其优势互补，将单人作战改变为小团队作战，提高整体效率。

3. 对整体营销管理的精细度有极大的帮助。长期看，案场的率化比例会慢慢固定，这时候，根据分配的销售指标，就可以反推每天需要接待多少来访，同时还可以继续推导不同广告渠道的效率。

通过“率化管理法”等精细化管理方法，绿地营销条线渐渐改变了以往蒙头向前的粗放式经营方法，基础管理能力和指标完成能力有了明显的提升。

日趋精准的成本管理

绿地早期着重于规模的迅速做大，采用的是资源消耗型的发展模式，比如一切求快，对于可以控制的成本控制不严，表现在不同条线之间对成本的理解和定位不同，如设计部门首要考虑的是品质，希望把产品做得先进、有特色，成本是次要考虑的问题，营销部门希望产品做得高端、精致，减轻销售难度，同样对成本没有概念。在房地产市场欣欣向荣、房价和销量均一路走高的市场环境下，成本问题沉在水面以下，即使略微偏高，也很容易被不断走高的销售单价所覆盖。

但当房地产市场的总体供求关系发生重大变化，特别是2015年集团上市之后对利润指标提出了更高的要求，从“偏重规模”向“偏重效益”转变的理念开始深入人心。而要偏重效益，除了要考虑如何“开源”，也必须思索“节流”之道。在这一背景下，从2016年开始，成本管理改革开始全面推行。

成本管理改革的核心主要有四点。第一是成本前置。在原来的概念中，成本只是一个与建安成本相关的后道工序，只要管好项目发包就可以了。但事实上，可调成本70%在设计阶段，设计确定以后，成本浮动的空间已经很小。改革之后，成本管理开始介入前道工序，从投资拿地开始，相关文件就要流转到成本部门，由成本部门参与审核。从原来的节点式把关，到现在的全流程控制，成本腾挪的空间迅速放大，成效也极为显著。

第二是工程招标模式改革。原先的工程总包是按照工程定额制度来进行发包的，人工、材料、机械混在一起，无法一一对应，当出现成本偏高时，也难以厘清到底是现金流管理水平低下导致的成本偏高，还是发包定额有偏差。现在，集团将人工、材料、机械拆分，将它变成市场化清单式报价，各项成本变得更为透明，也更加可控。

第三是工、料、机拆分之后，对于材料部分采用了“甲供直采”，即甲方直接采买后向乙方供应的模式。从前，材料由总包方进行购买，成本和质量控制都相对较难；现在，绿地直接采购材料，供应给乙方进行施工。在这种采购中，绿地还形成了总部—区域公司两级竞争招标的模式，以增强透明度，提高可控性。

第四是管理制度的变化。成本部门通过ERP系统梳理了70多个城市、700多份各业态项目的数据，分门别类地整理出了标准成本。然后以标准成本来考核具体项目，具体项目成本控制如果优于标准成本，还可以获得利润分成。这让企业在降低成本的同时，也形成了良好的激励机制。

正如张玉良所说：“从大的趋势上来讲，房地产行业已经进入拐点了，这个行业轻轻松松就能发大财的好日子确实已经过去了，从很大程度上来讲，这个行业已经进入制造业阶段了。进入制造业阶段意味着什么？意味着我们要像农民养猪种菜一样，起早摸黑，精打细算，这样才能赚点小钱。”起早摸黑、精打细算的绿地，已经放下了“绿巨人”的身段，用更为精细的管理，推动其业已庞大无比的房地产主业，砥砺前行。

第三篇

金融为王

第七章　命运的召唤

金融很重要，是现代经济的核心，金融搞好了，一着棋活，全盘皆活。

——邓小平

红日初升的绿地金融

绿地集团本部所在的上海市，是中国第一大城市、经济中心和金融中心。1991 年 2 月 18 日，当浦东还是一片荒芜之地，上海人都说“宁要浦西一张床，不要浦东一间房”时，邓小平同志视察上海浦东，说了一段后来被广为流传的话：“金融很重要，是现代经济的核心，金融搞好了，一着棋活，全盘皆活。上海过去是金融中心，是货币自由兑换的地方，今后也要这样搞。中国在金融方面取得国际地位，首先要靠上海。”如今，浦东新区高楼林立、地标云集，国内甚至国际金融机构的总部、分部汇聚于此，将毗邻的黄浦江变成了一条流金之河。2016 年，上海市金融业增加值高达 4763 亿元，甚至高于海南、宁夏等四省区的地区生产总值，大有取代香港，成为亚洲金融中心之势头。

当时光走过 21 世纪第一个 10 年，伴随着城市化红利而高速增长的房地产行业渐渐走向成熟，而成熟的同时也意味着增长速度的放缓和盈利能力向市场平均水平的收敛。2014 年，房地产的黄金时代已经结束的论断，令诸多房地产企业心生忧虑，纷纷谋求转型。而由于房地产产品天然具有金融属性，布局金融产业便成为房地产企业多元化转型的一个重要方向。

身处上海这样一个金融业高度发达的国际化都市，或许令绿地天生对金融业有着更为清晰的认识。因而，当总部位于北京的万达集团 2014 年年底收购快钱并在 2015 年宣布成立互联网金融服务公司，总部位于广州的恒大集团 2015 年宣布成立恒大金融控股集团，引领地产资金纷纷进入金融行业时，媒体在一片“地产产业资本金融化”的讨论声中，才在故纸堆里发现，低调的绿地早已先下手为强，在金融领域收获颇丰。

其时，绿地早已成立“绿地金融投资控股集团有限公司”

（以下简称绿地金控）作为金融板块的统一投资管理平台，旗下有各级各类子公司近50家；同时，在其上市公司绿地香港（0337.HK）旗下还有一家专注于互联网金融的“上海绿地金融信息服务有限公司”（以下简称绿地金服）。2016年，金融板块实现利润总额39亿元，而当年绿地集团合并利润总额为144亿元，如果剔除少数股东损益，金融板块的占比已经接近1/3，成为房地产主业之外盈利能力第二强的板块。

这不能不令人惊叹。十余年前的2005年，当张玉良在绿地房地产主业之外组建建筑、商业、能源、汽车服务四大集团时，几乎从未将金融服务业纳入自己的视线；即使到了2015年，当绿地提出“一主三大”发展战略，将金融产业作为一个重要发展方向时，金融板块在前一财年的利润总额也只有8.5亿元，在集团中不过是十分有一。回首当年，谁能想到今天的绿地金融竟能“红日初升，其道大光，河出伏流，一泻汪洋”，成为绿地版图中举足轻重、不可或缺的一环？

并不宏大的开局

合抱之木，生于毫末；九层之台，起于垒土；千里之行，始于足下。

所有宏大的故事，都发轫于不起眼的微小。

当绿地小心翼翼地跨进金融的溪流时，根本没有想到，有朝一日，它竟会激昂磅礴，奔腾入海。

时光倒回到1997年。彼时的绿地还在上海一隅中辗转腾挪，刚刚找到自己的发展路径——乘着上海城市化进程高速推进的东风，大规模参与棚户区改造项目。忽然，绿地总部收到了一份筹股意向，来函者是正在筹备成立的一家证券公司——东方证券。当时，绿地在金融领域并无拓展计划，不知道投资一家证券公司有什么用，只是在朦朦胧胧之间感觉，新兴的证券市场可能会有较大的发展空间，如果做一笔财务投资，可能会是一笔好生意。于是，绿地迈出了走向金融的第一步：出资5850万元，认购东方证券5%的股份。做完这件事，绿地便收回自己的目光，一头扎回到城市更新的蓝海中去。

时光不紧不慢地走到了2005年。根据国务院关于深化农村信用社改革试点的精神，在上海市委市政府和金融监管部门的领导下，上海农村信用社系统整体改制为股份制的上海农村商业银行，开启了建设现代化商业银行的新征程。在这个过程中，绿地再次现身，成为出资人之一——当然，仍然是参股的身份。

尽管两笔财务投资在日后都收到了不菲的回报，但回顾当时，连绿地人自己也不得不承认，那不过是绿地为获得财务收益而进行的两次普通的尝试而已，唯一的目的就是“赚点钱”。

绿地并未因此意识到，可以借此进入一个新的领域，做一些新的事情。

但无论如何，新世界的大门已经打开了。

而一旦看过了门外的美好风景，又怎么可能关起门来，避而远之？

发力小贷公司

让绿地真正开始考虑介入金融领域的，是一纸文件。2008年5月，中国银监会和央行联合颁布了《关于小额贷款公司试点的指导意见》，其中写道："小额贷款公司依法合规经营，没有不良信用记录的，可在股东自愿的基础上，按照《村镇银行组建审批指引》和《村镇银行管理暂行规定》规范改造为村镇银行。"

此时正值中国银行业的黄金时代，经济高速增长，存贷利差稳定，随后而来的美国次贷危机、全球经济动荡都没有打断中国银行业蓬勃发展的势头，所有人都想到这个领域里分一杯羹。奈何商业银行牌照控制极其严格，非常难以获得。而根据这个意见，通过设立小贷公司并合规经营，有可能获得村镇银行牌照。村镇银行虽然规模不大，但是它取得了吸收公众存款的资格，而这正是银行业务的核心。

和以往一样，善于捕捉市场机会的绿地，马上意识到这将会是一笔好生意。2009 年 3 月，绿地在奉贤区发起设立了上海奉贤绿地小额贷款股份有限公司（以下简称奉贤绿地小贷），注册资金 3 亿元，成为当时全国注册资本最大的小贷公司。奉贤绿地小贷运营三年内，累计放款超过 30 亿元，上缴利税超过 5000 万元。

掘金成功，如愿以偿！惊喜之余，绿地决心扩大在准金融领域的布局。首先是谋求奉贤绿地小贷的跨区经营，先后开设了卢湾分公司、长宁分公司和杨浦分公司；接着开始在全国布局申请设立小贷公司，先后进驻重庆、抢滩宁波、落子青岛，并与呼和浩特、贵阳、南昌、南宁等地达成投资意向。从地图上看，绿地的准金融机构布局如星星之火，在中华大地上徐徐闪现。

立足今日而回首昔时，绿地小额贷款公司布局的最大意义或许并不在于贷款规模的大小、全国布点的多少，甚至也不在于对集团的盈利贡献，其最大的意义应当在于：

第一，绿地从此开始真正进入金融（或者说类金融）领域，对金融产业的运营方式、盈利能力有了直观的认识，锻炼了机构和队伍，培养了制度和文化，为进一步扩大金融领域投入乃至以金融板块作为集团发展新支柱，夯实了信心，奠定了基础。

第二，跨区域、全国性地设立小贷公司，尽管受制于行业政策，难以形成集团化作战的规模效应，但这使得绿地更深切地认识到全面整合资源、实现内部打通的重要性，为成立金融控股集团埋下了伏笔。

绿地的大金融战略，由此起航。

绿地金控崛起，前路何方？

“发展大金融是产业协同发展的需要，是打造产业竞争力的标配。”张玉良在一次受访中，对记者这样说。

这样说的张玉良，脑中所构想的版图早已不是几家小贷公司所能囊括的，对大金融战略的意识，也远远超越了为集团开拓新的利润来源这一初衷。城市化棋过中局，未来房地产主业有可能会迎头撞上天花板。而纵观国内外，金融业作为整个经济棋局的“棋眼”，已成为众多大型集团的标配。一向站在浪潮之巅的绿地，怎能落于人后，坐等竞争对手先行落子？

2011 年 6 月，绿地金控正式成立。从成立伊始，绿地就决心向打造综合化金融控股集团的目标挺进。具体地说，是依托绿地金控这一平台全面整合现有金融板块业务，有效提升业务种类、规模和能级，计划控股 1~2 家中等规模地方银行，并加快推进相关银行的上市步伐；进一步推动小额贷款公司扩大经营规模；适时收购信托公司；进一步扩大现有典当业务；组建成立融资担保公司。

入股地方商业银行的动作在绿地金控成立之前就已经紧锣密鼓地展开了。2010年10月，绿地与辽宁省最大的城市商业银行之一的锦州银行达成合作，认购锦州银行1.5亿股股份，并成为其第四大股东。绿地寄望自此深度切入金融领域，开拓全新的、更有增长希望的利润来源。

紧接着，绿地继续寻求扩大自己的金融版图，除了加快在全国各地推进开设小额贷款公司之外，还与贵州、黑龙江、江西、广西、浙江等地洽谈，准备在当地筹备设立或参股金融资产交易所。这些金融资产交易所除了作为金融资产交易平台独立运作，还可为绿地旗下房地产板块进一步拓展融资来源。

此外，绿地还成立了融资担保公司，经营领域进一步拓展。

时间来到2014年。面对日益膨胀的金融版图，张玉良有自己的观点。一方面，他认为金融板块很有可能成为集团未来的另一支柱产业，决心继续加大投入，将绿地金控的注册资本由10亿元增加至30亿元；另一方面，他也感到金融板块的成长还有些无序，并没有形成闭环自洽的生态体系，“面对千载难逢的机遇期，工作推进的力度和能级、立意和视野，都与集团的要求还存在一定距离”。绿地金融板块的发展也多多少少走了一些弯路，譬如，曾寄予厚望的几家持股城市商业银行，在2011年之后遭遇宏观调控、经济下行、金融脱媒等外部形势的多重夹逼，盈利能力有所减弱；而且城市商业银行自身创新能力薄弱，难以与绿地现有业务形成协同，并没有实现预期的效果。

张玉良意识到，放任绿地金控盲目和无序地向前发展，势必对它未来的成长造成无数的羁绊；只有从战略层面，绘制出清晰的发展蓝图，才能让这个潜在的支柱发展壮大，真正成为支撑庞大绿地的稳固基石。

第八章　绘制“大金融”蓝图

刚强的人尽管在内心很激动，但他们的见解和信念却像在暴风雨中颠簸的船上的罗盘指针，仍能准确地指出方向。

——克劳塞维茨《战争论》

战略目标：不是公司金融，是金融公司

企业战略当中，最为核心的要件是战略目标，即究竟要做成一家什么样的企业。战略目标决定了企业的业务布局、发展

路径、资源配置等一切要件。

在与绿地金控总裁坐而论道之时，对方忽然提了一个很奇怪的问题：“我们打造金融板块，是想把它定位成公司金融，还是金融公司？”

张玉良一下子听懂了他的意思。

“公司金融”和“金融公司”这两个词，表面上只是语序的不同，内在含义却有天壤之别。公司金融，实质是为企业自身产业链或者产业链上的企业做产融结合服务，通俗地说，其主要目的是为自身企业输血，实现融资的基础功能。对于绿地来说，通过发行金融产品或者是搭建各种融资结构为本集团房地产公司融资，就算是公司金融的范畴。受限于房地产企业的资金来源和风险偏好，公司金融的业务很难做大，小富即安易，纵横四海难。金融公司则不同，这意味着金融板块必须跳出本集团地产板块的局囿，构建多元化的金融业态，面向整个金融市场，从大市场获取收入和利润。境界格局的差异，由此可知。

张玉良几乎毫不犹豫地下了结论：要做金融公司。未来，金融板块将成为绿地的一个新的支柱产业。既然是作为一个产业，金融板块就决不能局限在为集团自己的供应链或者自己的产业做产融结合服务。绿地做金融不是为了自融，而是必须直面大市场，迎接浪潮，培养队伍，锻炼能力。

为了更明确地表达自己对金融板块的重视，张玉良进一步说：“将来，绿地集团会集中优势资源来支持金融产业的发展。简单来说两句话，第一是你要什么我给什么，第二是你想干什么就干什么——只要在合规的前提下。”

在这种毫无保留的支持下，张玉良对金融板块的期望是：几年内，要让金融板块在集团内的利润贡献达到“三分天下有其一”；未来，要把绿地金控打造成为一个在市场当中有影响力、具有细分优势的金融控股集团，在集团内的利润贡献占据半壁江山。

不过，当时的现状是，2013 年金融板块的利润总额是 3.8 亿元，而集团利润总额将近 140 亿元——虽然张玉良对金融板块寄予厚望，但至少在当时，金融板块在集团内依然缺乏存在感。

怎么样让金融板块实现跨越式的增长呢？如果仅仅是线性地拓展现有版图，无论如何也不可能实现指数级的增长。这是一个巨大的挑战。

但决心比挑战更为强大。经过仔细梳理板块现状，构思未来框架，绿地金控的未来图谱正在渐渐变得清晰。一个月之后，“大金融”板块的蓝图终于浮出水面。

不同于此前着重于小贷公司、房地产结构融资等债权投资业务的安排，在这个新的蓝图中，绿地金控将以“投资+投行”为战略路径，以“金融全产业链的大资管平台”为战略定位，着力获取核心金融资产，建立拥有多种金融牌照的金融控股集团。

战略路径：“投资+投行”

什么是战略路径？战略路径就是为了达成战略目标，选择走什么样的道路。有的人喜欢走阳关道，有的人喜欢过独木桥，有的人则“明修栈道，暗度陈仓”。不能武断地论定战略路径的对错，判断其对错的标准在于行者的素质与选择的路径是否匹配。

此前，绿地金控选择的路径是债权投资，债权投资是一种较为传统的业务，运营方式较陈旧、资金占用量大，而且很难利用规模效应进行放大。譬如投资设立小贷公司，一个小贷公司的经营区域固定、业务量有限，如果要增加收入和利润，就必须多设机构、多增人手，成本也同步增加。

新的路径设计是“投资+投行”，前者是依托，后者是强化。此前，绿地开展金融业务，只是依托集团雄厚的资金实力以及大品牌的隐性背书，没有仔细考虑过怎样更系统地导入集团资源。而“投资+投行”的发展路径，正是希望最大限度地提升集团资源的利用效率。

何谓投资？投资分成两类，一类是债权投资，一类是股权投资。绿地以前只做债权投资，但事实上，绿地既有资金优势，又有获取优质资源的渠道，完全可以进入股权投资领域。在股权投资方面，既可以在一级市场投资（比如参加标的公司的首次公开募股或定向增发），也可以在二级市场投资（比如直接在股票市场上购买标的公司的股票）。股权投资的风险当然比债权投资更大，但只要做好风险控制，其盈利空间绝非债权投资所能比拟。

何谓投行？从狭义上说，投行业务包括证券承销、证券交易经纪、证券私募发行、兼并收购、财务顾问、资产证券化等，开展这些业务当然需要相应的牌照才能进行。不过，投行业务的本质还是在于嫁接资源和撮合交易。所以，除了尽力获取相应的牌照来运作常规的投行业务之外，绿地金控也可以借助集团自有的品牌和业务优势，为投资对象嫁接资源，以达到“投资实现价值，投行实现增值”的目的。以绿地投资控股博大绿泽（01253.HK）为例，如果绿地只是简单地注资入股，每年接受分红，那就属于比较低级的财务投资方案，不能实现令投资增值的目的；但是，考虑到博大绿泽是一家综合性的园林景观设计、建设、服务供应商，当绿地在实施其小镇战略和大基建战略时，可以在主题公园建设、景区提升、古镇古城修缮保护、美丽乡村建设、海绵城市、环境保护与生态修复等多个相关专业领域引入博大绿泽的力量，这无疑既增强了绿地的竞标和操盘实力，也为博大绿泽开拓了业务机会，令双方达成共赢。绿地控股博大绿泽并导入业务资源，对博大绿泽来说是提升了业绩和估值，对绿地来说则是在投资分红之外，通过股权溢价实现了资本增值，这正是投行的意义所在。

在选择战略路径的过程中，首先要从投资入手，因为绿地并非常规的投行机构，没有股权投资，投行职能就无从谈起。但也应当对投行予以高度重视，未来绿地旗下金融牌照越来越多时，运用投行渠道可以将分业监管的业务打通。

战略定位：“金融全产业链的大资管平台”

为什么要拿尽可能多的金融牌照，形成金融全产业链？

众所周知，金融是一个非常复杂的大行业。按其监管结构来看，顶层有“一行三会”[①]，各地政府还有金融办公室等管理机构，按金融机构类别则有银行、证券、保险、信托、基金等，总体上分类发放牌照，分业实施监管。

所有牌照可以大致分为两类：第一类是“一行三会”发放的，比如银行、证券、信托、保险，包括第三方支付牌照等；

① “一行三会”是国内金融界对中国人民银行、中国银行业监督管理委员会、中国证券监督管理委员会和中国保险监督管理委员会这四家金融监管部门的简称。——编者注

第二类是省一级政府批的，比如小贷公司、地方金融资产交易平台等，也可以称为类金融牌照。在2014年以前，绿地手里只有第二类牌照，如小贷公司、典当行、担保公司；虽然持有银行和证券公司的股份，但主要是作为参股的财务投资者，对这些机构运营没有发言权。

一个金融控股集团，应当力求拿齐金融牌照，并且主要是拿齐最为核心的第一类牌照。牌照意味着相对垄断，而相对垄断又意味着超额利润。遍观国内，像中信集团、平安集团、光大集团等全牌照金融控股集团，都拥有非常强大的业务开展能力、资本运作能力、盈利能力和抗风险能力。而绿地金控如果要做大做强，全牌照、全产业链也应该是其定位和目标。

而所有这些举措，终极的目标是打造大资管平台。

张玉良非常明白，绿地做金融是“半路出家”，决不能从一片荒地上起步，从一无所有开始慢慢建造高楼——因为大型金融集团多已深耕数十年，时不我待——所以必须要依托原有的资源，在原始建筑的基础上进行加高。而关于做金融这件事，绿地20多年来积累的最有价值的并不是盖了多高的楼，或是销售了多少面积的房子，而是这样两点：第一是积累下来的350万业主，这些业主至少是百万富翁，是绿地应当关注的价值人群，潜在的服务对象；第二是绿地在全国29个省级行政区、80多个城市的近百个酒店、近千个CBD、近万个社区，这是绿地强大的线下资源。

这意味着什么呢？这意味着绿地已经具备了建立大资管平台的基础条件——成熟、高价值的客群和线下服务渠道。资产管理的本质是代客理财，绿地有渠道低成本获客，而这些客又能带来大量的“财”，接下来只要做好资产组织就可以了。而绿地的房地产主业，恰好也为金融板块提供了大量优质资产。也就是说，从资金到资产的金融通道，天然地可以在绿地金控手中实现完美闭环。

从“独轮行进”到“四轮驱动”

随着战略目标、战略路径和战略定位的落地，一张逻辑完整、路线清晰、优势充分的大金融蓝图，已经缓缓展开。

顶层设计再完美，若只让它停留在纸面上，不借助具体的业务结构和业务单元来落实，那么一切都将化为镜花水月。张玉良当即拍板认可这一构想，并要求尽快推进实施。顿时，绿地金控有如一辆加满油箱、整装待发的机车，马达轰鸣，直冲赛道！

2014 年 8 月，贵州省绿地金融资产交易中心（以下简称绿地贵交所）正式挂牌成立。

2014 年 11 月，绿地永续财富投资管理有限公司、绿地融资租赁有限公司先后注册成立。

2015 年 1 月，绿地香港旗下绿地金服注册成立。

2015 年 4 月，绿地贵交所通过与蚂蚁金服旗下招财宝、平安陆金所合作发行“绿地地产宝”产品，上市半小时即告售罄。

2015 年 7 月，黑龙江省绿地股权金融资产交易中心（以下简称绿地龙交所）正式挂牌成立；绿地金控收购香港第四、第九号证券牌照，获得发行研报、证券分析和资产管理业务准入资格。同月，绿地金控增资至 90 亿元，总资产已经突破 200 亿元。

2015 年 10 月，绿地金控发布互联网金融战略，线上综合互联网金融服务平台——吉客网正式启动。

2015 年 12 月，绿地金控收购杭州工商信托股份有限公司部分股权并增资，增资后持有其接近 20% 的股权。

2016 年 8 月，绿地金控完成对宜高资产管理有限公司的收购，随后将其改组为绿地（亚洲）证券公司。

2016 年 12 月，绿地完成对第三方支付机构——山东省电子商务综合运营管理有限公司的收购，占股 50% 以上。

……

伴随着一个个新机构的落地、新项目的推出，大金融板块高歌猛进，而支撑其业务的“四轮驱动”模式渐渐清晰。

一是股权投资业务。主要包括获取信托、证券、保险、银行等金融机构业务牌照，参与新兴产业、国企混改、中概股回归等投融资项目。这是绿地金控的新兴业务，但成果丰硕，目前已取得信托、证券牌照，保险、银行牌照在推进中，并参与多个重大投融资项目。股权投资业务利润份额已经占到金融板块的 2/3。

二是债权投资业务。在严控风险的基础上，继续稳定推进小额贷款、融资租赁和房地产基金等相关业务。

三是资产管理及资本运作业务。以财富投资管理公司、金融交易所为运作平台，打造第三方财富管理和资产管理平台。

绿地龙交所挂牌成立

绿地金服正式启动

四是互联网创新金融业务。利用吉客网、绿地广财等线上渠道，整合集团内外部优质资源，连接350万高净值个人客户会员和近百万企业会员。

从债权投资“独轮行进”，到股权、债权、第三方资管、互联网新金融“四轮驱动”，绿地金控鸟枪换炮，迅速成长。

而它蓬勃生长的背后，则是一次次大胆的尝试和精密的谋划。

第九章　框架落地，业绩冲天

不管战略多美妙，偶尔看看结果如何很重要。

——丘吉尔

“从没干过的也能干！”

新的发展蓝图挂上了墙，绿地金控很快就干出了一些新鲜事儿。

就在 2014 年规划确定的当月，绿地金控就向集团提出了一份行业整合的提案。具体方法是，从 A 股市场上市的 163 家房地产企业中找出最有价值且具备并购可能的10家企业作为备选标的，通过二级市场交易直接收购其股权。

这份提案提交到总裁办公会上，引起了轩然大波。有的与会人员说，绿地从来没有做过二级市场股票投资，经验不足，现在突然提出要做股票，是不是合适？有的说，二级市场波动剧烈，风险太大，万一做亏了怎么办？金融板块本来就利润不高，做亏了，拿什么来填这个窟窿？

其实，在金控人的眼中，这不是一个单纯的股票投资行为，而是经过仔细考量的“进可攻、退可守”的股权收购方案。这10家房地产企业，在其土地储备、业务结构等方面，都可以和绿地形成良好的协同。如果股票价格上涨，那可以进行短期交易，随时可以出手获利；要是短期内股票价格下跌，就越跌越买，一直买到成为收购对象的大股东，然后导入资源，帮助收购对象实现业绩增长，进而实现股权增值。

并不是所有与会人员都同意这个冒险计划，但此时的张玉良已经非常清楚绿地金控的未来规划，知道股权投资对于整个金融板块的重要性。他力排众议，拍板同意绿地金控在二级市场上进行股权投资尝试，并批准了5亿元的额度。事后，绿地金控的同事们高兴地说：“从没干过的事也能干，张总确实履行了他‘想干什么就干什么’的承诺。”

当年10月，绿地金控开始在二级市场建仓，与此同时，A

股迎来了近年来最大的一波牛市行情，绿地金控的投资大获全胜。进入 2015 年后，浮盈一度达到 17 亿元，为当年金融板块的利润猛增奠定了基础。

值得一提的是，这 10 个投资标的中，排在第一的就是一家标杆房地产企业，而这家企业后来竟也遭到其他金融资本的敌意收购①，股价因此一飞冲天。这家企业还一度联系绿地，希望绿地作为白衣骑士②介入这一场“权力的游戏”。但在当时，出于影响的考虑，张玉良并未同意将其作为投资标的。两年以后，当张玉良在内部会议上提起此事，还半开玩笑半显遗憾地说，可惜当时没有做，要不然我们在权益投资这块的利润就难以限量了。

除了在二级市场进行投资，绿地金控在一级市场股权投资方面也实现了重大突破。在张玉良的大力支持有时甚至是直接出面做工作的情况下，绿地金控参与了阿里巴巴美股IPO（公开募集资金）、蚂蚁金服A轮融资、360 私有化、瑞慈医疗港股IPO等极具影响力的重磅项目。而参与这些项目的直接投资，

---

① 敌意收购（hostile takeover），是指收购公司在未经目标公司董事会允许，不管对方是否同意的情况下所进行的收购活动。进行敌意收购的公司一般被称作“黑衣骑士”。

② 白衣骑士，与“黑衣骑士”相对，当公司成为其他企业的并购目标后（一般为恶意收购），公司的管理层为阻止恶意接管的发生，去寻找一家“友好”公司入股，而这家“友好”公司被称为“白衣骑士”。

无论是在锻炼业务水平、增强绿地金控影响力方面，还是在提升金融板块盈利能力方面，都起到了十分重要的作用。

在IMAX中国（巨幕电影中国）的IPO项目谈判中，绿地金控将自己“投资+投行”的优势发挥得淋漓尽致。没有什么奇妙的策略或招数，只是简简单单的一席话：“你找我绿地，我把我的所有综合体项目对你优先开放。足够了吧？”足够了。提供这个条件的结果是，绿地从争闹不休的战略投资者们身边优雅地经过，以更为优惠的条件拿到了IMAX中国释放的部分股权。

在大量参与对有潜力企业的股权投资的同时，绿地金控也没有忘记构筑“金融全产业链”的初衷。通过新设公司和收购金融公司股权，绿地金控旗下的牌照正在与日俱增：融资租赁、第三方支付、信托、证券，以及正在推进中的保险和银行，一个全牌照的金融控股集团雏形初露。

不过，崭新的绿地金控还需要破解一个迷局，一个中外金融集团普遍面临的困境。

破解金融集团之困

绿地金控的总裁是一位出任过银行、证券、信托、保险四类金融机构高管的高级金融人才，长期的工作经验让他注意到，所有金融控股集团都有一个难以解决的问题，即难以进行高效的内部协同。

这并不是说金融集团不能进行内部协同，事实上，既然要组建金融集团，其初衷肯定是为了更好地实现分业协同。但问题是，金融集团可以很容易打通“头”和“脚”，却很难打通中间的“经络”。“头”是什么？是风控。风险控制可以集中，比如集团本部对某客户做一个统一的授信，这个客户在集团旗下的银行、证券、信托等公司就可以有一个统一的额度。“脚”是什么？是销售。销售也可以集中，国内做得比较出色的是平安集团，它的交叉销售非常精彩。那中间的“经络”是什么呢？是子业务的协同，而这才是最难的。

打个比方说，某银行有一单业务需要信托做通道，它可能更愿意找集团外的信托公司，而未必愿意找集团内的信托公司。信托公司寻找托管银行时，也会有一样的现象。造成子业务难以协同的核心原因是，在已有的金融控股集团模式下，每一个金融子公司都有独立的业务组织能力，也有独立的业绩核算体系。当子公司来做业务组织者时，为了达到效果最优，提高客户体验，以获得最好的收益，它不一定选择集团内其他子公司作为业务集成对象。

绿地金控有没有办法解决这个问题？有的。绿地金控与其他金融集团的主要区别在于：几乎所有的金融控股集团都是在已经分业经营的子公司基础上逐渐拓展版图而成立起来的；而绿地金控则与之相反，先成立金融控股集团，再寻求获得相应牌照。这使得绿地金控在集团层面拥有更强的组织能力，可以直接从零开始搭建组织路径。

在未来绿地的金融业务中，绿地金控将直接成为混业业务的核心组织者，在需要集成相应金融业务时，可以借用子公司的业务通道，各个持牌子公司只要把自己所在行业的核心业务做强就可以了。对各子公司来说，这样做的成本也是最低的，因为这种组织形式降低了子公司的销售费用。

更重要的是，这类协同对内部资源的调用不是无偿的，而是根据业务效果有偿使用的。如果各子公司认为这种内部协同、资源叠加的效果和价值是高于市场平均水平的，甚至应该付出一点溢价。这种做法符合市场规律，能对参与其中的所有人产生正向激励，使得协同战略更可持续。

挥兵互联网“新”金融

2013 年被称为“互联网金融元年”。这一年，阿里巴巴、腾讯、百度等互联网企业开始在金融领域跑马圈地并试图构建自己的业务模式。阿里巴巴以一个单品“余额宝”，一个月间就从传统商业银行体系抽走了数百亿元的低成本资金，使先前寂寂无名的合作者天弘基金一跃成为行业龙头，搅得传统金融圈鸡飞狗跳。而这也令诸多产业资本发现，看起来护城河宽广、门禁森严的金融行业，也并非不能染指。

绿地也有意介入互联网金融。虽然股权投资特别是IPO项目投资的回报较高，但受限于自有资金规模且项目资源稀缺，很难进行指数级放大。要放大业务规模，必须善于借用社会资本，而只有通过互联网的方式，才能在放大规模的同时令边际成本递减甚至趋近于零。

2015 年 4 月，绿地金控联手蚂蚁金服和平安陆金所发布市场上首款互联网房地产金融产品“绿地地产宝”，并在上市当日挂牌半小时之内即告售罄。这是绿地在金融业务方面的首度“触网”。首期上线产品以绿地集团位于江西南昌的棚户区改造项目为基础资产，支持旧城改造，服务民生工程。首期发行总规模为 2 亿元，约定年化收益率为 6.4%，产品期限为一年。

尽管首期产品用于绿地自有项目的融资，但绿地金控“做金融公司”的战略目标决定了它不会满足于此。未来，绿地金控将会成为一个平台，令社会资金、机构资金与有融资需求的地产项目有效对接，致力于为中小房企提供资金解决方案，同时为社会投资者提供“高收益、低风险”的投资产品。而绿地自身成熟的房地产开发经验也将有助于项目先期的风险评估，以及出现违约时的不良化解。绿地同时身兼“懂金融的房地产公司”和“懂房地产的金融机构”两职，将在房地产项目和资金来源间架设桥梁，提高效率，赚取利润。

2015年10月，绿地金控再度“出声”，发布互联网金融战略。与此同时，线上综合互联网金融服务平台——吉客网正式启动。绿地希望将其打造成为一站式线上金融服务平台，在三年内让基金销售、网络借贷、消费金融、众筹融资等互联网金融产品规模突破1000亿元，注册用户突破1000万——换言之，这将是一个针对个人用户的线上大资管平台。

通常来说，产业资本涉足互联网金融往往处于一个相对尴尬的境地。相比传统金融企业，产业资本既缺乏经验，又缺少网点；相比互联网金融企业，产业资本既流量不足，又技术偏弱。为了突出重围，绿地除了推出线上平台，还推出了线下的“吉客体验中心”。

一个吉客体验中心单店面积不大，但“麻雀虽小，五脏俱全”。整个门店内部划分为金融区与非金融区两块：金融区对接吉客网线上平台，为客户提供全球资产配置、财务规划、融资贷款等全方位的综合金融服务；非金融区则提供包括房产投资、汽车服务、旅游文化、微型图书馆、移民留学、海外医疗、自助生鲜、高端鞋服定制、家政服务等生活服务。同时，吉客体验中心还邀请专家、知名投资顾问不定期举办沙龙、讲座、培训等增值服务，旨在为社区内高净值客户提供高品质生活平台和精英管家式的全方位服务。

可见，与互联网金融企业相比，绿地以“虚拟服务现实化”为特色，能打造更良好的客户体验，而其在房产、大消费等领域的多元化经营，也有利于组织更加优质的资产来对接资金；与传统金融机构相比，绿地又提高了单店品效，不局限于做金融服务这一件事，形成了自己独特的竞争力。更不可忽视的是，绿地有着已经建立深度连接的350万价值人群，这些人群对家庭财富管理都有着现实的需求，而他们正是绿地金控实现大资管梦想的基石所在。

正如马云所说：“未来10年、20年，没有电子商务，只有新零售。”只有线上线下和物流相结合，才是未来零售的形态。而绿地金控通过线上金融交易与线下场景化服务相结合，不经意间触摸到了新金融的大门。

大金融的反哺之道

金融是现代经济的血脉，正是金融跨时空配置资源的本质使得资金汩汩流动，脉搏强劲。绿地的金融板块依旧年轻，依旧需要集团的倾力支持，但同时已显现反哺的能力。

对房地产主业，金融板块通过设立四类基金进行服务和促进：债性房地产基金、物流地产基金、小镇产业基金和境外

REITs（房地产信托投资基金）。这些基金一是可以导入金融资源，配合房地产事业部开发（主要是前三类），二是可以将重资产证券化，增强流动性（主要是后一类）。此外，金融板块还可以入驻创客中心、企服平台，为绿地商办物业实现服务增值。

对基建板块，2015 年 5 月，绿地金控牵头成立了国内首支千亿元规模的中国城市轨道交通 PPP 产业基金，合作方包括绿地集团、上海建工集团、建信信托、中国建设银行、太平资管、中国人保资管、平安资管、中国人寿资管等。这一举措帮助集团探索“轨交+物业”的综合开发模式，增强了基建板块的项目获取能力。而后，绿地金控还将筹建特色小镇开发基金和特色小镇产业投资基金，拓展出更为广大的市场空间。

对消费板块，金融板块则希望借助绿地（亚洲）证券平台，设立全球股权投资基金，积极寻求健康医疗、娱乐休闲、文化教育等领域的一二级市场投资并购机会，助力大消费板块获取境内外优质资源。

虽然绿地金控的目标是做成金融公司，面向整个金融市场开展业务，但这并不意味着金融板块将游离于集团之外独立生长。只有能够整合起来的资源才有价值，这也是绿地金控“投行思维”的真实呈现。

一飞冲天的大金融

时光飞逝，自2014年年中，绿地金融板块发展框架落地伊始，已经过去将近三年。当我们回过头去检视这三年发生的一切，回想张玉良当初对大金融板块的期许，这个期许是否已经实现了呢？

接下来这组数据，让人震惊，更让人振奋。

2014年，金融板块实现利润总额8.5亿元，是前一年3.8亿元的两倍多。

2015年，金融板块实现利润总额33亿元，较前一年大幅增长289%，年末总资产规模达到430亿元，较年初增长378%。

2016年，金融板块实现利润总额39亿元，较前一年增长21%。当年绿地集团合并利润总额144亿元，如果剔除少数股东损益，金融板块的利润占比已经接近1/3。

“几年内，金融板块的利润要在集团内三分天下有其一。”张玉良的这句嘱托犹在耳边，然而几乎是转瞬间，绿地金控就将这个目标变成了现实。展望未来，大金融板块是否能够实现“成为一个在市场当中有影响力、具有细分优势的金融产业集团，利润占据集团半壁江山”的远期目标？

也许可以用李大钊的这段话作为这个问题的回答：“凡事都

要脚踏实地去做，不驰于空想，不骛于虚声，而唯以求真的态度做踏实的工夫。以此态度求学，则真理可明，以此态度做事，则功业可就。”

年轻的绿地金控，正脚踏实地，走向未来。

第四篇 善借大势

第十章　因势而起的大基建

君子生非异也，善假于物也。

——《荀子·劝学》

遥而可及的 4000 亿元

2016 年 8 月，绿地集团正式发布《绿地集团大基建板块发展规划纲要（2016—2020）》（以下简称《大基建规划纲要》），这是绿地 2015 年提出“一主三大”战略之后，首次对单一产业发布中期规划纲要。

《大基建规划纲要》完整清晰地勾勒了绿地大基建产业的

雄心和发展路径，意图通过培育业务核心竞争力、收购兼并、建立统一品牌和拓展海外市场来“确保到2020年实现4000亿元以上的业务规模，成为引领行业发展的龙头企业之一”。

这其中有一个夺人眼球的数字，即业务规模达到“4000亿元”。为了理解这个数字的内涵，我们需要做一些比较。

从横向来看，根据绿地披露的2015年年度财务报告，当年绿地控股的合并营业收入为2075亿元，大基建板块的业务收入为437亿元（含内部结算收入），占比不过20%。而集团规划纲要对绿地集团2020年的经营收入目标为8000亿元，以此推算，到2020年，大基建的业务收入将占据集团半壁江山，成为绿地营收规模最大的业务。

从纵向来看，大基建为了实现4000亿元的业务目标，需要在5年间使业务规模增长近10倍，年复合增长率要达到55%。换言之，绿地大基建板块的发展目标是，在5年内，每年的业务规模要比上一年增加一半以上。

这实在是一个有些“疯狂”的目标，让人不由得想起2004年的某一天，张玉良发出的那个宏愿：“绿地也要成为世界500强！”彼时，绿地的营业规模尚不足世界500强门槛的1/8，鸿沟之巨，宛若天堑。而8年之后，当绿地果真踏入500强殿堂之时，其业绩足足增长了17倍。

2016年转瞬即逝，大基建也交出了第一份年度业绩报告。

财报显示，2016 年全年，大基建板块实现业务收入 777 亿元（含内部结算收入），较上一年大幅增长 77.9%，果然大幅超越了增长目标！尽管这只是万里长征的第一步，777 亿元的收入离 4000 亿元的目标也相距尚远，但这至少让人相信，看起来不可思议的“4000 亿元”目标，似乎并非遥不可及。

这就更令人好奇了。绿地为什么要给大基建板块设定如此高的定位和目标，而且看起来，似乎确实可以实现？

熟悉张玉良的人都知道，这是一个在为人上习惯性低调，在做事上却又极为大胆的人。但是张玉良的大胆并非胆大妄为，而是经过周密的思索和论证的。他“做政府所想，为市场所需”的价值导向，本质上来源于对时势的判断，强调的是“顺势而为”四个字。力主推进大基建板块，正是源于他所看到的“四个大势”和“两个内因”。

四个大势

大势之一：城镇化

中华民族向来以善于工程建设而闻名于世。2200 多年前，秦始皇嬴政征发了近百万劳动力（大约相当于当时全国人口的 5%），将秦、赵、燕北部边境的长城连接并修缮和扩展，形成了被后世称为“世界新七大奇迹”之一的万里长城。而 1400 年前，另一位集权君主隋炀帝杨广则主持开凿了世界上里程最长、工程最大的古代运河——京杭大运河。

时间进入现当代，特别是改革开放之后，中国城市化进程明显加速，数亿农村人口向城市聚集，这使得基础设施建设的需求如火山般喷发。"要想富，先修路"，"要想富，少生孩子多种树"，这些如今看来有些简单粗暴的标语，却非常质朴地体现了基础设施建设在经济发展当中的作用。根据相关报道，截至 2016 年年底，中国高铁运营里程超过 2 万千米，占全世界高铁运营里程总量的 65% 左右。另据国家统计局公布的数据，截至 2015 年，中国公路总里程数达到 457.73 万千米，其中高速公路里程为 12.35 万千米，排名全球第一。

经历了高强度、大规模的城市开发建设，到 2015 年年底，中国城镇人口已经占全国总人口的 56%。但是，从世界发达国家的城市化率基本高于 80% 这个事实来看，当前和今后一段时期，我国仍将处于城镇化的历史进程当中，而城镇化的推进必将带来对大量基础设施的需求，包括对高速公路、铁路、桥梁、机场、港口、城市地下综合管廊、棚户区改造、城市轨道交通、城市给排水和供气的需求，这就是时代的第一个大势。

大势之二：稳增长

2012 年，中国经济增长率自 21 世纪以来首次破八，其后日益趋缓。2014 年，中央正式提出"新常态"和"三期叠加"

的论断。与之相应的，2012—2016年的中央经济工作会议，始终将“稳中求进”作为主基调，将“稳增长”放在最主要的位置。在出口持续低迷、消费难以干预的背景下，对项目进行投资特别是对基础设施建设进行投资，作为对抗经济下行的最直接利器，成为各级政府不得不启用的手段。

国家发改委、国家统计局的数据显示：2015年全国基础设施投资（不含电力、热力、燃气及水生产和供应业）同比增长17.2%；2016年，该数据继续提升至17.4%，始终远远超过当年国内生产总值的增速。基础设施投资的持续快速增长对冲了经济下行的压力，也为基建产业打开了巨大的市场空间。

大势之三：地方政府投融资体制改革

1994年，中央政府所推行的“分税制”改革，一方面在客观上加强了中央政府的财政能力，改变了“弱干强枝”的局面，但另一方面，地方政府的财力受到削弱，而转移支付和负债机制的不完善，导致其财权和事权之间出现失衡。由于《预算法》对于财政直接负债的限制，地方政府纷纷绕道疾行，通过划拨土地、给予特许经营等方式，迅速包装出一个具备融资能力的法人主体，即“地方政府融资平台”，通过融资平台向金融机构融资，以此获得足够的现金流，用于公共事业建设。

融资平台的普及有其客观的历史背景，但借助其通道，未纳入财政预算体系的地方政府负债如滚雪球般迅速膨胀。更重要的是，由于这一融资结构中政府的角色暧昧不清，最后地方政府到底有多少负债，需要承担什么样的还款责任，变成了一笔糊涂账。如果放任这种情形继续蔓延，后果不堪设想。

为防范地方政府无序负债带来的债务风险，国务院及监管部门先后下发了《国务院关于加强地方政府融资平台公司管理有关问题的通知》（国发〔2010〕19号）、《关于制止地方政府违法违规融资行为的通知》（财预〔2012〕463号）、《国务院关于加强地方政府性债务管理的意见》（国发〔2014〕43号）等文件，逐步收紧地方政府通过融资平台举债的通道。

在“堵暗道”之余，也要“修明渠”。2014年11月，财政部发布了《关于印发政府和社会资本合作模式操作指南（试行）的通知》（财金〔2014〕113号），国家发展改革委在当年12月发布了《关于开展政府和社会资本合作的指导意见》（发改投资〔2014〕2724号）。这两个文件，将PPP模式推向了公众视野。仅2015年一年，国家相关部门就十多次下达各类政策和通知，政府和社会资本合作投资重大工程，成为重要趋势。

在这一模式中，政府在公共服务领域采取竞争性方式选择具有投资、运营管理能力的社会资本，双方按照平等协商原则订立合同，社会资本提供公共服务并享有一定的收益权或补贴权益。与以往社会资本只能单纯参与施工建设、获得工程利润不同，通过PPP模式，社会资本还能以入股的方式，获得资本收益。这显然为绿地这样具备较强建设能力和资本运营能力的大型企业集团提供了契机。

大势之四：建筑业国企改革渐成浪潮

过去30年，中国的建设大潮催生了大量建筑企业，使得建筑行业空前繁荣。但经济进入新常态后，其三大最主要的下游行业——基础设施、制造业和房地产，只有基础设施建设作为稳增长利器仍然保持较高增速，而制造业和房地产由于经济下行和宏观调控的影响，增速明显放缓。这使得建筑业的发展模式由增量获取转变为存量博弈。建筑业本身是一个高负债、低利润的行业，外部形势的恶化将致使那些管理不精细、竞争水平不高的企业难以存活。

另一方面，国有企业在建筑行业中占据了主导地位，整个板块收入的90%以上由国有企业贡献，但其效率显著低于民企。各地的国有大中型建筑企业，甚至包括部分央企，普遍有着改革和提效的需求。2016年，中国中铁开展内部重组，中国铁建进行分拆上市，安徽水利选择整体上市，中国能建采用股权激励，上海建工实行员工持股……而诸多改革方向中，混合所有制改革成了一个较好的选项。

绿地在1997年就设立了员工持股会，股权的混合带来了基因的混合，使得绿地兼具了国企的经营理念和民企的经营效率。20年进入世界500强，实现资产增值近万倍、国有资产增值超千倍，这为绿地的混合所有制优势提供了最好的注解。当地方建筑类国企希望在经营管理上更上一层楼时，它们当然希望绿地这样的“混改标杆”能为其助力，而资本驱动也将帮助绿地在基建行业的发展呈现出指数级的效应。

两个内因

内因一：大船停大港

张玉良曾经这样表述世界200强和世界500强的不同：一个市场化、非资源垄断型企业可以借助庞大的中国市场，纯粹依靠市场容量，就能获得世界500强的地位，但是，一个市场化的企业如果仅仅依靠单一市场容量，是很难进入世界200强的。

换言之，绿地想要成长为真正的世界级的跨国企业集团，光靠单一房地产是不够的。但多元发展的业务方向，如果不能达到千亿元以上的量级，对绿地这样的大型企业就失去了意义。而单一企业要在一个业务方向上实现千亿级以上的收入，意味着这个行业一定是一个万亿级甚至十万亿级的超级行业。用张玉良的话来说，这就叫“大船停大港”。

从世界500强的榜单上，我们可以对所谓的“大行业”有个直观的认识。根据《财富》杂志的统计，2016年世界500强中，占比最高的是金融行业（包含银行、保险等），上榜企业共约99家；其次是能源行业（包括采矿、产油、炼油等），上榜企业约64家；其他上榜企业较多的行业有车辆与零部件（约34家），公用设施、工程与建筑（约31家），零售业（约31家），等等。①

很难说是巧合还是刻意为之，绿地在这些行业中均有所涉猎。而当2012年下半年，能源行业迅速入冬，开始吞噬绿地集团的利润时，绿地除了必须妥善考虑能源板块的退出方式外，也需要物色一个新的增长点。

建筑行业就是这个应运而生的新增长点。根据国家统计局公布的数据，2015年，全国建筑业总产值达到180757亿元。总产值近20万亿元的建筑业，显然是一个真正的“超级”行业。而这个行业中的龙头企业，如中国建筑、中国铁建、中国交建、中国电建等，在世界500强榜单中都高居前200位。羡慕央企老大哥之余，绿地也看到了自己的成长目标。

内因二：绿地的建筑传统

房地产业与建筑业是产业链中直接相关的上下游，深耕房地产业多年的绿地，在1996年便成立了自己的建筑公司，即上海绿地建筑工程有限公司（以下简称绿地建筑）。只不过，早年

---

① 财富中文网. 2016年世界500强各行业子榜单[EB/OL]. http://www.fortunechina.com/fortune500/c/2016-07/20/content_267041.htm.

的绿地建筑的主要业务是承担集团内一部分的房建业务，总体实力并不太强，也很少能在公开市场上获得业务。

2004年，宝钢集团进入世界500强之后，实施“一业特强”的发展战略，主动剥离非钢业务，将旗下的宝钢建设在上海联合产权交易所公开挂牌出售。绿地集团通过竞标，以5400万元的价格受让了其60%的股份，成为宝钢建设的控股股东。当时，宝钢建设拥有民用建筑、市政、工业厂房、钢结构、冶炼、园林设计等7项国家一级资质，它的加盟使得绿地在建筑产业的竞争能力大大增强。

2005年，绿地将宝钢建设改组为绿地建设集团有限公司（以下简称绿地建设）。随后，绿地建设和绿地建筑如同绿地的建筑板块双子星，共同发展成长。到绿地的“一主三大”战略发布前夕，这两家公司的合计年营业收入已经达到三四百亿元，这也为绿地大举开拓大基建板块，提供了坚实的产业基础。

正是上述的四个大势、两个内因，让张玉良看到了大基建板块的巨大发展潜力。这使他下定决心，一定要以产业经营和资本并购双轮驱动的方式，在大基建板块之上，再造一个全新的绿地。

第十一章　决胜千里

运筹策帷帐之中，决胜于千里之外。

——《史记·高祖本纪》

地铁战略

2015 年 1 月，当媒体还在热炒万科与绿地到底谁是“地产一哥”时，张玉良就在一次媒体见面会上，自称绿地将来会是“中国最大的地铁投资公司”。

张玉良说这句话，当然主要是表达一种期望，但其时他的口袋之中，也并非空无一物。就在上一年的 7 月 21 日，绿地地铁投资发展公司在上海揭牌成立。就在同一天，绿地又与上海申通地铁集团、上海建工集团签署战略合作协议，由绿地牵头组成联合体在全国多地开展地铁投资开发业务。继“上天”（超高层）、“出海”（海外投资）之后，绿地又开始了“入地”，成为三维空间的超级开发商。

地铁战略的落实极为迅速。到2015年1月，绿地已经与南京等数个城市正式签署合作备忘录，拟采取“项目投融资建设+施工总承包+物业综合开发”的PPP模式，就当地的地铁开发开展合作。

地铁是一个投资超高，且靠自身运营难以盈利的行业，绿地为何如此积极？绿地地铁战略的秘密，就隐藏在“项目投融资建设+施工总承包+物业综合开发”的模式中，它暗示了绿地参与地铁开发的三个利润来源：资本投资收益、工程利润和上盖物业利润。

长期的城镇化进程已经造成了房地产业的结构性过剩。对房地产商而言，如今在三四线以下城市开发可能面临去库存的压力；但在人口越来越集中的一二线城市中，土地成本大幅上扬、竞争日趋激烈，同样难以盈利。这使得诸多开发商都开始注意到“轨道+物业”的开发模式。

比如国内的京投银泰，依托于其股东资源，从2011年开始获取了三个地铁上盖项目。根据中信建投在2015年年末的经济效益测评，这种地铁上盖项目的土地成本优势明显，可以获得20%的折价率，同时地铁对物业本身有价值提升的作用，还可使项目销售获得一定的溢价率。成本折价而销售溢价，无疑将放大开发商的利润空间。甚至有知名开发商的高管称，城市群和轨道的发展意味着沿轨道交通拓展的城市新区是未来整个房地产行业的主战场，“这样的一个机遇，可以说是一个划时代的机遇，可以和1998年的房改相比”。

绿地地铁投资发展公司揭牌

南京地铁 5 号线签约

据预测，到2020年，全国拥有轨道交通的城市将达到50个，总里程将达到6000千米，总投资将达到4万亿元。那么，其蕴含的资本收益与上盖物业价值确实无法估算。从这个角度来说，所谓划时代的机遇，并非夸大其词。

但是，这样一个划时代的机遇，并非每个地产商都能握在手中。投资量动辄上百亿元的地铁项目对于社会资本方而言，无论是资金压力还是技术难度都非常大，这也使得地铁项目社会资本中标方通常是具备轨道交通建设能力的大型央企，而其余社会资本方往往“只听楼梯响，不见人下楼”。

先行一步的绿地通过两个方式解决资金和技术问题。在资金方面，除了集团自身具备雄厚的资金实力之外，还通过与金融机构合作，成立轨道交通PPP产业基金，对地铁项目进行资金支持。在技术方面，绿地除了依靠自己的大基建板块，在更为专业的地铁建设方面，也通过与申通地铁、上海隧道等专业机构合作来降低风险。

轨道交通PPP产业基金成立

2016年9月，绿地与上海隧道组成的联合体成功中标南京地铁5号线工程PPP项目，总投资近200亿元。这是第一条正式落地的由绿地投建的地铁项目，也是绿地集团历史上中标规模最大的基础设施投资项目。该项目是目前为止南京所有地铁线路中建设难度最大的一条，被称为“换乘之王”，建成后将对南京地铁的联网效应起到重大推动作用。2016年年底，经过紧张的准备工作，项目开工仪式在朝天宫站举行，宣告了南京地铁5号线的正式开工。

地铁作为城市重大基础设施，其工作难度之大，绝非普通工民建业务所能比拟。由于南京是六朝古都，其文物保护非常重要，绿地在勘探与施工时，必须注意线路走向，避免伤及古建筑和文物，为此要与国家、省、市、区各级文保单位持续协调沟通。此外，南京的绿化做得很好，市民对梧桐树的情结很深，绿地在搬迁树木时，往往容易遭受较大阻力。绿地一方面需要保证树木移植的存活率，另一方面为了不影响交通，还要将绿化搬迁的时间从白天挪到晚上，每晚八九点钟开始准备，到第二天早晨六点恢复道路交通。这些琐碎而庞杂的工作成了常态，在带来无穷压力的同时，也锻炼出了一支踏实精干的队伍。

多点发力

地铁是绿地大基建战略的亮点和先锋，但不是全部。与绿地拓展地产业务时善于使用超高层、商业综合体与住宅配套的方式如出一辙，绿地大基建战略亦善于祭出“组合拳”，多点发力。

2016年8月，由绿地城市投资集团有限公司（以下简称绿地城投，为大基建板块的投资平台）在河南三门峡市投建的垣渑高速公路“绿地南村黄河大桥”正式开工，这是河南、山西两省境内首座以社会投资方名义冠名的黄河大桥，其开工也标志着河南渑池至山西垣曲的垣渑高速公路项目（河南段）的全面启动。这并不是绿地在中原地区投建的唯一一条高速公路，此前，绿地刚刚与河南交通投资集团签订协议，投资推动息邢高速的建设。

2016 年 11 月，绿地与西安市常宁新区政府就西安潏河湿地公园项目正式签约，将以PPP模式打造西安常宁新城未来的核心生态公园。而在此之前，绿地同样在太原以PPP模式投建了太原市植物园项目。

如果说前述单一PPP项目只是绿地响应中央对社会资本参与基础设施建设的号召，在产业组合上并无太多亮点的话，那么，2016 年 9 月，其与宁波杭州湾新区达成的合作协议，则将绿地大基建与其他板块的相互协同和多点发力展现得淋漓尽致。

根据该协议，绿地将实施“1+1+1”即“基础设施投资+产业导入+房地产开发”并行推进的模式：首先，坚持基础设施建设先行，由绿地城投通过PPP、代建等方式，加快区内基础设施和公共服务设施建设，优化投资环境；同时，整合绿地集团内外资源，提供“城市规划设计—基础设施和公共服务设施投资建设—产业导入—房地产开发—项目运营”等一揽子解决方案，引进高端教育、高端医疗、高端养老等公共服务资源和机构，加快城市功能型项目培育；在产业资源导入上，则依托在美国南旧金山市投资10亿美元建设的生物科技产业园，在南昌投资200亿元建设的“绿地国际双创中心”，在上海建设的绿地跨境供应链平台等产业资源，以及旗下商业、金融、汽车等重要产业板块，培育文化旅游、养生养老、金融服务、跨境电商、研发服务等产业，打造产城融合主题特色小镇和沪浙合作平台两大发展平台。

绿地宁波杭州湾项目签约

在这一次投资中，大基建板块作为先期引领者，将绿地的房地产主业、大金融、大消费及其他相关资源全数导入，其组合优势可谓绚烂夺目，绿地“一主三大”战略的横向贯通在其中可见一斑。

绿地野心

2017 年 2 月 7—8 日，绿地集团年度工作会议在上海召开，按照惯例，要对表现突出的单位和个人进行表彰。其中，“年度杰出经营团队”是张玉良设立的总裁特别嘉奖，分为功勋奖、卓越奖、新锐奖三大类。贵州建工集团有限公司（以下简称贵州建工）因成绩优异、业绩突出获得“功勋奖”，江苏省建筑工程集团有限公司（以下简称江苏省建）则拿到了“新锐奖”。

这两家名称上带有明显地方特色的企业是在混改大潮中被绿地收入囊中的地方国有建筑企业。其中，2015 年 6 月，绿地集团以 12.094 亿元现金为对价对贵州建工实施增资扩股，完成收购后持有其 70% 的股权（绿地同时在协议中约定，在一年内向贵州建工管理层及核心员工释放 19% 的股权，以形成多元持股的混合所有制企业结构）；2016 年 2 月，绿地集团则通过绿地城投以 9.625 亿元现金为对价，收购江苏省建 55% 的股权，实现控股。在收购之前，贵州建工的年营业收入达到 235 亿元，具有 2 项房屋建筑施工总承包特级资质和市政公用工程施工总承包一级资质等 9 项一级资质，同时拥有 152 项总承包和专业承包资质；而江苏省建的年营业收入也达到了百亿元级别，拥有房建总承包特级资质、6 项施工总承包资质和 12 项专业承包资质。

这是绿地在产业经营之外，利用资本驱动扩张大基建版图的两个经典案例。这也使得绿地的大基建板块在一个资本平台——绿地城投，两个产业平台——绿地城建（由绿地建设改组而来）和绿地建筑之外，又增加了强大的生力军，组成了一个强大的产业集群。

绿地控股江苏省建签约

这并不是简单的规模加成。实际上，绿地大基建板块中的不同企业各有特色，能形成良好的优势互补，在一定程度上避免内部恶性竞争。譬如绿地城建在冶炼工程、钢结构工程等专业领域处于领先地位，贵州建工在超高层、交通工程等高端专业领域有较大优势，而江苏省建则在海外工程、商业建筑等领域具有较强施工能力。这令绿地大基建在能力上亦获得了超线性的发展。

大基建的扩张脚步并没有因为吃下两家地方国企而停止，事实上，2016—2017年，满世界飞的张玉良还在寻找下一个并购目标，下一家进入绿地大基建产业集群的地方国企会是谁？也许我们很快就会得到答案。

有一个问题是，挟混合所有制资本之威，四处攻城略地的绿地，到底怀揣着什么样的目标，又到何时才会停下它急促的脚步？

在《大基建规划纲要》中，一个答案跃然纸上：通过整合产业资源，提升专业能力，打造具有国家级竞争力和影响力的“中绿建”产业集团。

仅仅是“中绿建”三个字，不需要附加任何的形容和注释，绿地的野心已经“昭然若揭”。

而至于野心勃勃的“中绿建”何时会停下脚步，也许绿地人会告诉你四个字：

“永不止步。”

第十二章 大消费，最好的风口

最大的风口、永远的风口就是伴随中产人群一起成长。

——泰康人寿董事长兼首席执行官　陈东升

使命变迁的绿地商业

绿地的商业地产，如今已经发展成为拥有超过 7000 万平方米总规模、500 多万平方米运营规模的巨型商业地产航母。但其最初的诞生，不过来源于集团的动迁房业务。

1992年年底，上海市政府本着“特事特办、急事急办”的原则，将动迁房建设作为特别重要的工作来抓。绿地也正是在那个阶段，开始了房地产开发的历程。但当时，动迁房的位置相对偏远，而且规划时对配套问题往往考虑不足，这令动迁户常常不愿意入住。为了解决这个问题，绿地自建过巴士公司、门诊部、邮政网点，也投资建设过商业街。

1999年之前，政府要求房地产商配建完商业用房之后，必须还给政府来经营管理。后来，随着商业配套的增多和政府职能的转变，配套商业便需要开发商自己管理。为了对这些商业地产进行管理，绿地组建了自己的团队。绿地的商业板块，也因此应运而生。

2005年，由于商业配套日渐增多，种类也趋于细分，绿地便在旗下成立了绿地商业集团（以下简称绿地商业）。绿地商业一开始的计划是成为集开发、经营、管理于一体的商业地产集团，但其后，由于开发的职能需要更加专业化，绿地商业便将开发任务剥离到各地的地产事业部，自己只留下商业经营管理的部分。

随着时间的推移，绿地在各地的地产事业部逐渐具备了较强的商业运营能力。2015年之后，除了重要项目的商业合作、招商还保留在绿地商业本部，大多数权力也都下放到了各个区域事业部。

职能的连续丧失，让绿地商业再次面临着转变，这一次，它会不会慢慢消亡？

不，事实正好相反。一阵“风”，让绿地商业重新回到风口之上。

风乍起

经济新常态之下，传统产业似乎有百业疲敝的迹象，然而，人们的消费行为却蓬勃生长，方兴未艾。2016 年春节期间，国内旅游实现收入 137.9 亿元，同比增长 14.2%；全国零售和餐饮企业实现销售额约 7540 亿元，同比增长 11.2%；2 月 8 日至 13 日，即大年初一至初六，全国电影总票房达 30 亿元，同比增长 67%。①

根据国家统计局披露的数据，2015 年，中国社会消费品零售总额达到 30.09 万亿元，相当于当年国内生产总值的 43.7%。而在 10 年前的 2005 年，社会消费品零售总额只有大约 6.83 万亿元，不到 2015 年的 1/4，占当年国内生产总值的比重也只有 36.5%。

除了消费总量在不断攀升外，消费结构也在悄然发生着变

① 郝帅. 最终消费贡献六成GDP 消费已成拉动经济增长“千里马”[EB/OL]. http://news.xinhuanet.com/politics/2016-02/15/c_128720249.htm.

化，低端消费产品的销量开始停止增长甚至下跌，而中高端消费产品的销量则开始加速上行。例如，自 2012 年开始，方便面的销量连续 5 年下跌，而同一时期，进口食品的贸易额每年的增长率都在 20%左右。

这种消费总量持续增长、消费结构由低端向中高端转移的现象，被称为“消费升级”。

美国心理学家亚伯拉罕·马斯洛 1943 年在《人类激励理论》中，将人的需求从低到高分为五种，分别是：生理需求、安全需求、社交需求、尊重需求和自我实现需求。过去 30 年中国经济的高速增长，培养出了数量日益庞大的中产阶层。未曾受过饥馁之苦的 70 后、80 后、90 后逐渐成为社会的中坚阶层，相比于他们的父祖辈，他们既拥有强大的消费能力，也有着更为现代的消费观，早已不满足于最低层次的温饱，而是向更高层的社交需求、尊重需求和自我实现需求迈进。这就是消费升级的内在驱动力。

“92 派企业家”的代表人物、泰康人寿董事长兼首席执行官陈东升曾说过：“最大的风口、永远的风口就是伴随中产人群一起成长。”而消费升级正是这样一个让人无法忽视的风口。

另一个让人无法忽视的风口，是线上零售业务的兴起以及随之而来的线上线下相结合的“新零售”模式。

互联网彻底改变了中国人的消费和生活方式。当下，购买任何商品都可以足不出户，只要有一部手机即可完成商品选择与交易；出行可以使用移动租车、共享单车；宅在家里可以随时呼叫外卖上门。据商务部统计，2016年，我国网上零售额达到51555.7亿元，比上年增长26.2%，在社会消费品零售总额中所占比重为12.6%，比上年提升1.8个百分点。

但互联网商业并非商业的终极形态，在场景上，互联网尚无法营造良好的消费体验，无法建立真实的社交关系。也正基于此，“电商教父”、阿里巴巴集团董事局主席马云在2016年公开宣称：“纯电商时代过去了，未来10年是新零售的时代，未来线上线下必须结合起来。”2017年5月，阿里巴巴集团和易果生鲜签订股权转让合同，收购联华超市18%的股份，正式向线下拓展。

“消费升级”和“新零售”，正是当下中国正在劲吹的两股大风。此前在零售业务方面并没有多少经验的绿地商业，会有意愿、有能力在风口飞舞吗？

全面进军“大消费”

2015年，绿地正式提出“一主三大”战略，将大消费与大基建、大金融并列，作为集团在房地产主业之外的三个主要拓展方向，而绿地商业，就成为大消费战略的主要实施主体。

绿地全面进军大消费的步伐相当迅速。2015年1月12日，绿地便与韩国济州特别自治道签署《济州商品出口中国协议书》，济州道知事元喜龙专程抵沪并与上海市副市长共同见证签约。据该合作协议，济州道与绿地集团将以共同合作的方式，分阶段扩大济州产品的中国出口，出口量计划从2015年的1500万元人民币起步，在3~5年内扩大至约2.5亿元人民币。

2015年2月8日，绿地在美国、英国、韩国、澳大利亚的四大海外直采中心揭牌（一年之后，第五家海外直采中心——加拿大直采中心亦宣告成立）。作为绿地集团新设立的海外运营单位，海外直采中心将致力于提升海外商品跨境直采能力，将各国优质商品直供绿地在国内的各家精品超市。

2月8日当天，两家绿地全球商品直销中心（G-Super超市）亦实现形象揭幕。就在2014年12月，绿地首家G-Super宝山店成功开业，首日营业额即突破百万元，这使得绿地下决心在全国快速布点精品超市。截至2017年一季度，全国G-Super门店总数已达到27家，每家营业面积为3000~5000平方米，遍布上海、南京、杭州、济南、成都、郑州、长沙等近十个一二线城市。此外，销售数据也呈爆发式增长。2017年一季度，各门店销售额合计突破2亿元，环比增长48%，经营坪效、人均效率均接近或超过主要竞争对手。2017年4月，挪威首相埃尔娜·索尔贝格在访华期间，专程率团到访G-Super上海徐汇店，向中国消费者推广挪威海产商品，一时引发轰动。“到G-Super买进口海鲜”在消费者之间口口相传，绿地“连接全球资源，服务中国市场”的品牌美誉得以深入人心。

绿地全球商品直销中心（G-Super）

2016年3月，绿地宣布启动跨境电商战略，并与上海市青浦区政府签署合作协议，将在青浦出口加工区投建绿地青浦跨境贸易基地。在这次合作中，绿地将在两个层面实现突破：一是通过设立跨境电商交易平台和保税仓储物流基地，做强“平台运营”，为各大跨境电商企业提供进口供应链集成；二是结合青浦出口加工区的政策和区位优势，布局发展进口商品自营业务，包括全球直采、食品加工和保税展示交易等，打通流通渠道。

2016 年 9 月，绿地又与上海出入境检验检疫局签署合作协议，在商品进口和跨境电商两大核心业务上获得了上海出入境检验检疫局的政策支持，并将在水果、鲜奶、肉制品、保健品等产品的海外并购与货物直采总代两方面获得支持指导。这一合作进一步提高了绿地在进口商品领域的贸易便利化程度，提升了绿地在跨境电商领域的竞争优势。

绿地青浦跨境电商平台启动

2017 年，绿地商业又与绿地集团部分房地产事业部共同合作，推进武汉东湖高新区 300 亩（约 20 万平方米）物流用地项目和嘉兴乍浦港区 300 亩物流用地项目。绿地拟通过导入零售产业供应链，推动配套设施建设、相关商业地产内容的开发和以食品贸易为特点的特色小镇建设。

从绿地商业上述几个举动，可对其布局谋略管窥一二。

第一是精品线下零售。与传统零售企业不同，绿地全面进军大消费领域，连接了从自产、直采到直销的全产业链：在上游，依托绿地海外拓展的能力，开展直采活动，目标是“连接全球资源，服务中国市场”；在下游，依托绿地商业地产丰富的门店资源，以低成本、高效率快速铺设精品超市，提供既有质量保障又相对减少中间环节的优质产品，服务正在崛起的新兴中产阶层。相对于国内的大型商超，绿地商业显然具备了更强的境外商品直采能力，同时其定位也更为细分和精准。

第二是跨境电商服务。在线上，电商的竞争早已趋于白热化，而各自的竞争壁垒也已基本形成。绿地现在进入电商领域，如果仅着眼于终端的销售，已经不可能与天猫、京东这样的大型电商抗衡，和中小跨境电商竞争则毫无意义。但由于上游的供应体系还不完善并且高度分散，所以绿地商业采取了更为聪明的方式，即参与到产业链的上游去，发挥自身有能力建设交易平台和保税仓储物流基地的优势，为电商提供进口供应链集成服务。

第三是重视与集团旗下其他产业的协作。高端商品进口与零售业务作为“政府青睐、人民喜爱”的商业业态，在推广时本身就具有一定的便利性，而绿地自身强大的商办物业开发和运营能力、基础设施配套建设能力，更与大消费相得益彰，形成了绿地独特的产业组合优势。

上述布局同时顺应“消费升级”和“新零售”两个正在蓬勃兴起的大势，同时也贴合绿地自身可以调动的优质资源，与其他综合产业良性互动、相互促进。这正是张玉良所强调的“顺势而为”“为市场所需”的绿地哲学的真实写照。

紧追风口的酒店事业

绿地的酒店板块最初归属于绿地商业集团，属于绿地商业下属的酒店事业部。2012 年以前，绿地自己运营的酒店仅有 10 家，多为绿地地标建筑的配套，运营也主要是与万豪、洲际、喜达屋等品牌合作，并没有自主品牌和自主经营的能力。

由于看好酒店消费业的发展，2012 年，绿地将酒店事业部单独组建为酒店集团，并开始大力开拓酒店事业。从 2012 年开始，绿地不但推出了自有的酒店高端品牌铂瑞（Primus）和商务品牌铂骊（Qube），而且开始了国际化的运作。除了与西班牙美利亚酒店集团通过资产置换的方式获得法兰克福的一家酒店之外，还自主开发了悉尼铂瑞酒店和洛杉矶英迪格酒店。截至 2017 年 6 月，绿地酒店板块共拥有营运项目 33 个，客房 8500 余间，其中自营项目 15 个，海外项目 3 个。

随着中产阶层的崛起、消费升级浪潮的来临，旅游业开始蓬勃发展。2010—2015年，我国旅游业的年复合增长率达到了13.8%。在这个背景下，绿地的酒店事业在传统的商务酒店之外，也紧追风口，开始大力拓展与旅游业的结合。

首先，大力推进自有品牌的输出。在自有品牌输出时，优先选择旅游资源较为丰富、人群较为集中的区域，如2016年正式在浙江千岛湖托管运营千岛湖铂瑞酒店。截至2017年6月，绿地通过自有品牌输出，已经签订了22个托管合同，其中有相当一部分的定位为旅游度假酒店。特别是金边绿地铂瑞酒店落户柬埔寨，代表着绿地成为中国酒店品牌进入海外市场的先行者。

其次，在集团大力推进特色小镇战略时，提供产业协作，配套符合小镇定位的酒店产品。比如，在比较高端的旅游景区，可配套铂瑞品牌；在商务小镇，可配套铂骊品牌；在旅游小镇，则可以配套较为轻奢风、适合中产人群的Q酒店（Q Hotel）。如今，针对有钱有闲的中老年人日益增长的休闲度假需求，绿地还考虑在旅游类特色小镇中配套建设养老型度假酒店，未来在全国形成网络化的布局，以标准规格、会员服务的方式塑造绿地品牌，在这一蓝海市场中抢得先机。

此外，在产业协作方面，酒店集团一方面帮助房地产主业的商办产品进行运营升值和库存去化，另一方面也配合集团“轻资产化”战略，通过境内酒店资产打包，以发行房地产信托投资基金在境外上市的方式，加快资金周转。

根据绿地酒店集团的规划，其未来将会借着旅游业发展的风口，重点围绕服务主业、突出个性两个方面来提升竞争力。到 2020 年，全球绿地酒店的数量将达到 150 家，绿地酒店将成为绿地旗下产业的重要一环。

目前，如果从业务规模的角度来说，异军突起的绿地商业及酒店事业，尚不算是绿地产业中非常重要的一环，但超过 30 万亿的超级庞大的消费市场，让张玉良笃定地将大消费战略作为绿地三大新兴产业方向之一。在他的心目中，到 2020 年，大消费板块的业务规模将达到 500 亿元，要实现这个目标，绿地商业每年的销售额都要增长一倍以上。这或许是一件非常困难的事，但当你身处全国各地的G-Super超市，看着熙熙攘攘的人群，看着他们脸上发自肺腑的笑容，又或许会产生另一种奇妙的感觉。

一切才刚刚开始，未来还有无限的可能。

第五篇 全球布局

第十三章　从中国走向世界

走向世界，其实是在走向内心。

——阿尔贝·加缪

2007 年 8 月，发端于大洋彼岸的美国次贷危机爆发，并呈现蔓延之势，逐渐波及欧盟、日本等世界主要金融市场。其时，以外向型经济为主的中国也开始遭受影响。这种影响最初从外贸领域开始，2007 年 2 月，我国的月度出口增长率还高达 51.6%，但当年 12 月已下降至 21.7%。

尽管开始遭受冲击，但次贷危机的真正影响尚未显现，中国除出口之外的经济表现依然强劲。2007 年，中国 GDP 增长率创 1992 年以来的最高值——14.2%。当年，绿地集团的销售额也突破350亿元，同比增长超过50%。

2008年1月，张玉良在回答记者关于绿地何时上市的问题时，兴致勃勃地说：“绿地一定要上市的，因为一家公司发展要经历三个阶段——全国化、资本化、全球化，绿地的全国化已经走得很好了，现在要实施资本化，下一步是国际化。”

但令他始料未及的是，绿地接下来上演了一场“失之东隅，收之桑榆”的戏码。资本化迟迟没有进展，一直到2013年才通过资本并购获得第一个上市平台绿地香港，国际化却先行试水，并在几度受挫之后渐入高潮。

风帆初扬

如果将此时的绿地比作一艘艨艟巨舰，那么事实上，当它还是一艘小帆船时，便曾尝试过“扬帆出海”。更准确地说，这艘泊于港湾的帆船，被政策之风吹拂，曾一度飘向海外。

2003年，受国务院委托，上海市政府决定由上海实业（集团）有限公司（以下简称上实集团）牵头，百联集团、锦江国际集团、绿地集团、上海工业欧亚发展中心共同参股设立上海海外联合投资股份有限公司，运作对俄投资的典范项目——波罗的海明珠项目。该项目涵盖城市基建、办公、会展、酒店、餐饮和住宅等业态，是当时中国对俄最大的直接投资项目。

由于绿地是联合体中唯一具有房地产开发经验的公司，并且在整个并不太顺利的开发过程中表现突出，控股股东上实集团曾一度表达让绿地增派人手接管项目的意愿，张玉良也很有兴趣以此为基础开拓欧洲市场，甚至打算为此专门成立一个海外事业部。然而，因种种原因方案最终未能实施，张玉良的这一计划随之付诸东流。

事情虽然没有做成，但绿地探索海外的梦想，却就此种下。此后魂牵梦绕，挥之难去。

肇始于 2007 年的美国次贷危机终于在 2008 年显现了它的威力。以雷曼兄弟破产，贝尔斯登、美林证券被收购为标志事件，庞大的华尔街投行们轰然倒下，余烬漫天，并将全球金融体系拖入深渊。受此影响，我国经济增长率从 2008 年 9 月起加速下滑，出口出现负增长。在房地产市场，除了经济增速趋缓的外围环境无法支持市场向好之外，美国房价崩盘更是击溃了中国不动产购置者“房价永远涨”的心理预期，导致大量潜在购房者持币观望，这些因素使得各大城市的楼市出现滞胀甚至量价齐跌的不利局面。在一片哀鸣声中，2008 年 11 月，国务院推出了进一步扩大内需、促进经济平稳较快增长的 10 项措施。

对市场一向极度敏感的张玉良，很快就意识到，这场危机的实质，是“危”中有“机”。后来，他在接受采访时回忆道：

“当时，随着危机的深化，国务院总理温家宝正好来上海进行调研，并与上海的企业家召开了座谈会。我也参加了。温总理的讲话给了我信心，我意识到中央推行这一系列政策是非常果断的。宁可多做一点，经济也不能受世界经济的影响，一定要保稳定、保增长。另外，房地产市场是主战场，而且是带动性最强的。所以，2008年12月开的会，2009年3月我就开始大规模收购项目，到7月就有了大规模的产出。”

随着国内经济形势快速趋稳并反弹，除了在本土进行逆周期扩张，张玉良的目光也开始跃出国境线。2005年以来，国际资本流动明显增加，全球并购活动日益增多，学界普遍认为由中国企业扮演主角的全球第六次并购浪潮已经到来。虽然这一进程被金融危机短暂打断，但从另一个角度来说，这也给了中国企业一个难得的契机。前五次并购浪潮中，中国企业只能充当看客，而今双方实力消长，正给了中国企业以较低的成本完成境外扩张，实现品牌国际化的良好机遇。

2011年，时机似乎终于到了。当时，绿地的第二条腿——能源产业正在蓬勃兴起，如日中天。根据其财务报告，当年绿地房地产业务的营收将近800亿元，而能源产业的营收已经超过了800亿元。也就是说，从营收规模上说，能源产业已经超过了房地产业。庞大的业务需要庞大的资源，而绿地寻“宝”寻到了国外——它看中了委内瑞拉的石油和朝鲜的煤矿。

张玉良的计划是“投资换资源”，也就是说，帮助朝鲜和委内瑞拉进行基础设施和保障房建设，以此换回煤炭和石油。这当然不是典型的房地产投资，因为其最终落点是能源产业而非房地产业。但无论如何，如果这两项计划落地，无疑将打响绿地独立进行海外投资的第一枪。很可惜，由于委内瑞拉政局动荡以及朝鲜因发射卫星遭受国际制裁等政治上的不可抗力的影响，这两项计划先后停摆。

济州岛圆梦

在“投资换资源”计划实施的前后，张玉良带着他的高管自费去度了一次假，度假的目的地是韩国济州岛。济州岛风景优美，素有“韩国的夏威夷”之称，是很多韩剧拍摄的外景地，而且当时济州岛当局为了鼓励旅游业发展，还推出了针对中国公民的免签政策，更令其在国人心目中的地位急速飙升。出发之前，人人都只是单纯地寄望在岛上度过美好时光，却没有人想到，绿地在海外的第一步，即将在这个“梦幻之岛”上美梦成真。

这一步的设计者，正是张玉良本人。在济州岛上，张玉良发现，他所遇到的绝大多数黄色面孔的游客，一张嘴都是熟悉的汉语，这令他产生了在国内旅游的错觉。但与此同时，他发现济州岛的基础设施特别是针对中国人的酒店等接待设施还很不足，与前述错觉形成了极大的反差。对商机极为敏感的张玉良立刻萌发出一个念头：为什么不在济州岛投资开发集旅游休闲于一体的大型项目，以满足越来越多中国人的需求呢？

回国之后，他迅速安排了人员与济州岛政府对接。可喜的是，济州岛政府为了打造一个未来堪与香港比肩的东北亚中心城市，也在规划6项核心项目，并计划引入具备雄厚实力的投资商。于是，双方一拍即合。张玉良再次带队去济州岛考察之后，决定参与开发济州健康旅游城项目。该项目是济州六大核心项目之一，总占地面积约110万平方米，总投资达9亿美元；规划建设观光休养设施、医疗服务设施、商业购物中心、旅游度假酒店及住宅等；建成后将成为居住、娱乐、医疗多种功能相结合，各类公共设施齐备的世界级休养型居住区。

2012年7月11日，绿地集团与韩国济州国际自由城市开发中心（JDC）在上海正式签署协议备忘录。这既是绿地独资对海外投资的第一例，也是中国地产开发企业走向韩国的第一例。这份备忘录的签订，意味着绿地的全球化布局终于切切实实地落下了第一颗棋子！

2012年10月30日，济州健康旅游城项目正式开工建设，宣布项目将分三期开发。

2013年11月，绿地韩国健康旅游城首期住宅产品“绿地汉拿山小镇”热销，年内实现销售额超 10 亿元。

2014 年 4 月 30 日,“绿地汉拿山小镇”启动首批产品交付，成为首个交房的“中国制造”海外住宅。

绿地济州健康旅游城开工典礼

从签署协议到动工仅用时 3 个月，从动工到交付也只有一年半时间。在规划施工程序烦琐、时间漫长的国外，绿地人以“绿地速度”赢得了惊叹，也赢得了认可。

绿地出海的梦想，终于在风光旖旎的小岛上变成了现实。

目标：世界的绿地！

在下属眼中，张玉良是个“7 × 24”小时不休的工作狂人，

发展的跨国公司；第二，国际化有助于开拓企业新的发展空间，因为发达国家的经济正在从底部往上提升，资产价格仍处于低位，有很大的成长空间；第三，全球影响力的提升可以帮助企业整合全球资源，对国内经营形成反哺；第四，国际化可以帮助企业开拓视野，提升自身的经营能力和管理能力。

2001年，当绿地走出上海、走进南昌，随后将“南昌模式”复制到全国时，它从“上海的绿地”变成了“中国的绿地”。

而今天，当绿地落子济州岛，它已注定不会是一个孤例，绿地的旗帜定将高扬海外，将“中国的绿地”变成“世界的绿地”！

绿地的“大航海时代”，拉开了大幕！

第十四章　大航海时代的驭帆之道

人早就把世界称为狂暴的海洋，有幸的人带着指南针而航行。

——卡拉姆辛

国家战略背后的步步惊心

进入 21 世纪以后，中国经历了两个关键的年份：2001 年和 2008 年。2001 年，中国正式加入世界贸易组织（WTO），这意味着中国经济开始全面融入世界市场，为中国成为“世界制造基地”奠定了基础。此后的7年间，中国的GDP总量从世界第六上升至世界第三。2008年，美欧日等发达经济体受困于次贷危机衍生出的金融风暴，而中国最早摆脱金融危机的影响，迅速重启经济引擎，于次年超越日本成为世界第二大经济体，并在随后的几年中不断缩小与美国的差距。

中外实力的此消彼长，为中国从资本净输入国向资本净输出国的转变奠定了基础。2013年9月和10月，中国国家主席习近平在出访中亚和东南亚国家期间，先后提出共建“丝绸之路经济带”和“21世纪海上丝绸之路”的重大倡议，并将之提升为深化对外开放的总纲领。既是出于做大做强的现实需要，也是受国家战略的感召，中国企业纷纷加大对外投资的力度。根据国家统计局的统计，2013年，中国对外直接投资净额达到1078.4亿美元，是2007年对外直接投资净额的4倍，六年内复合增长率高达26.3%。

从大力“引进来”到大力“走出去”，其中的转变并非一蹴而就。面临着政治体制不同、市场环境不同、文化习惯不同等诸多挑战，中国企业在取得巨大成功的同时，也付出了不少代价，交了不少“学费”。

譬如，国内某企业在收购澳大利亚铁矿资源时，事先对矿产储备情况了解不够，收购完成后，对二期项目进行勘探时，才发现其储备的矿产并非预期的赤铁矿，而是开发成本高、价值低的磁铁矿，仅此一项投资，亏损可达百亿元人民币之巨。另一家大型建筑企业在海外竞标获得项目总承包资质后，因与合作开发商之间的协调机制未能顺畅运行，双方互相指责，互不配合，导致项目工期一拖再拖直至烂尾，原本预计的盈利变成了巨额亏损。

有时甚至在中方企业毫无过错的情形下，仅仅因为当地政局的变化，都会使巨额投资遭受重挫。中国一家企业在与希腊政府签订某港口的私有化协议，并已经介入该港口运营和扩建的情况下，由于希腊政府的改组，该项投资突然被无限期中止。在非洲、拉美等局势动荡的地区，因为战争而导致的巨额投资烂尾的案例则更是不胜枚举。

中国人民大学国际并购与投资研究所研究员李俊杰博士在他的著作《中国企业跨境并购》中坦言：“回顾迄今为止中国企业进行海外投资和收购的短暂历史，总体结果难言理想……而相比之下，中国企业成功的海外投资和收购似乎并不多见。”①

殷鉴在前，当张玉良打算扬帆出海时，心中并不是毫无顾虑，但他最终决定排除万难，勇往直前。鼓舞他的除了一定要做“世界的绿地”的决心，亦有二十余年来在“政府所想”和“市场所需”之间谋取平衡的自信。他为绿地的海外初期拓展策

---

① 李俊杰. 中国企业跨境并购 [M] . 北京：机械工业出版社.

略定下了一个精彩的原则，即“做国内市场的海外延伸”。

做国内市场的海外延伸

所谓“做国内市场的海外延伸”，就是说绿地所开发的项目主要还是针对国内市场、针对国内客户，只不过项目场景从国内延伸到了海外。为什么要定下这个原则？张玉良对此解读道：“一是迎合市场需求；二是契合企业优势；三是有效规避风险。特别在国际化初期，借力现有优势资源，将大大降低进入新兴市场的不确定性和风险。”①

随着近年来中国经济的持续向好，中国高收入人群的比重逐渐增加，移民、海外投资、海外旅游的群体快速涌现，中国人境外投资置业和消费的需求现实存在并正在快速膨胀。这就是张玉良所认识到的“市场需求”。而另一方面，市场供给的现状是，境外开发商的产品主要针对当地居民或有相同文化背景的全球投资者，对中国投资者的需求、习惯了解不足，尚未形成稳定的中国客户群。“供”与“求”之间的落差，正为绿地发挥自身优势提供了空间。

更重要的是，在商言商的张玉良并不是为了政绩而做国际

---

① 李鹤龄,高丹华. 绿地:做国内市场的海外延伸[J]. 城市开发,2013,(12):16-17.

化，他必须控制风险、确保盈利。首先，追随中国客户布局项目，就可以规避绝大部分的市场风险。绿地在中国已经享有了很高的品牌知名度，同时有着数十年的房地产开发管理经验，其产品也更为符合国人的认知习惯，在中国人聚居之处，绿地的项目销售将更为方便。其次，由于中国人境外投资移民和消费主要集中在美、澳、欧、日、韩等政局稳定、经济发达的国家与地区，这实际上也帮助绿地规避了政治动荡、战争等不可抗力造成的负面影响。

绿地在济州岛打响的第一枪，其实就是这种理念的体现。该项目首期“绿地汉拿山小镇”2013 年 11 月开始销售，当年便热销 10 亿元，且购房者大多是来自国内一二线城市的中产以上阶层人士。这证明了张玉良的策略是正确的。

一个济州岛显然不能满足“绿巨人”的胃口，绿地很快扩大了它的海外版图。绿地的下一个目标，在澳大利亚。

澳大利亚是南半球经济最发达的国家，自然风光秀丽，民族众多，移民政策宽松。长期以来，澳大利亚一直是华人最青睐的移民目的地之一，在澳生活的华人族群已经接近 100 万人，而他们当中的大部分，又生活在悉尼、墨尔本、珀斯等沿海首府城市。

经过了为期一年充分深入的市场研究、大量投资项目信息分析甄选及考察洽谈，绿地最终确定将华人聚居的澳大利亚第一大城市悉尼作为自己海外投资的第二站。2013 年 3 月，绿地与加拿大基金巨头 Brookfield（布鲁克菲尔德）集团就澳大利亚悉尼 CBD 区域的一栋办公楼及一栋历史保护建筑的收购达成一致并签署正式合同，决定在悉尼市中心投资建设未来悉尼最高的公寓楼——逾 240 米的“悉尼绿地中心”及配套商业和高星级酒店。该项目总投资约 4.8 亿澳元，截至当时，是中国房地产企业在澳大利亚的最大单体投资。

值得一提的是，绿地虽然对建造超高层建筑可谓驾轻就熟，但该项目中的超高层建筑并非原地起建，而是在一幢 24 层的老办公楼上进行加盖。一开始，多数人想到的都是将老楼拆掉重建新楼，但是这幢楼位于悉尼市中心，周围建筑密度很高，无法解决拆楼造成的噪声、粉尘等问题，成本高、难度大，而且拆掉重建会比改造增加 12~18 个月的工期，投入也会大大增加。绿地请来专业的设计公司论证后，发现原大楼地基承载力较好，可以承载 200 多米的建筑，并且老建筑的钢结构保存也比较完好，“筋骨”牢靠。最终，绿地决定将这幢 24 层的老建筑直接改造加高到 67 层，即未来的“悉尼绿地中心”。设计公司项目负责人对此评价道：“在原有钢结构建筑基础上改建超高层建筑，在悉尼市场上非常少见，极具挑战。”

对另一幢 8 层的历史保护建筑的改造也非易事。绿地计划将其改造成自有品牌高端酒店，这个计划虽然得到了批准，但当地对文物保护的检查非常严格，相关部门经常派员前来检查，要求不能破坏其原貌、也不能随意改造。绿地团队反复研究老图纸、老工艺，甚至不惜远赴意大利购买材料和聘请工匠。最终，如此复杂的改建工程仅耗时 12 个月，就让这座古旧的建筑重新焕发青春。改造后的建筑被命名为“绿地悉尼铂瑞酒店”，在 2015 年 12 月正式建成并开业，获得了业界的广泛关注和好评：澳大利亚旅游委员会的年会指定在这里召开；《悉尼晨报》将这一酒店评为“全悉尼最有影响力的酒店”之一；在著名的猫途鹰（TripAdviser）网站的口碑排名中，铂瑞经常位列前五名。

悉尼绿地中心项目开工

济州岛、悉尼项目的先后落地，以及后来在开发、销售和运营上的成功，证明了“做国内市场的海外延伸”是一条正确的道路。

绿地悉尼铂瑞酒店正式开业

自主经营的绿地模式

事实上，绿地虽然是较早实施海外战略的中国房地产企业之一，但并不是唯一的一个。张玉良所看到的大势，许多优秀企业家也已经看在眼中。例如，2011 年年底，碧桂园便公告称入股马来西亚一家房地产公司，计划在马来西亚开发住宅物业和商业物业；2013 年 2 月，万科与美国著名的房地产公司铁狮门（TISHMAN SPEYER）共同投资金额为6.2亿美元的旧金山地产项目；2013年6月，SOHO中国CEO张欣以个人出资的形式和巴西财团联手以7亿美元的价格买下了美国纽约通用大楼40%的股权。

前述地产商在涉足海外业务时，几乎都有一个共同点，即在当地寻找合作伙伴，以入股而非独立操盘的方式进行开发。以万科为例，其在与铁狮门的合作中虽然处于控股地位，但该项目的具体管理还是由铁狮门团队负责。

绿地的选择则独辟蹊径。张玉良从一开始就确立了独立经营的原则，事实上，除了在泰国因法律限制不得不与泰国正大集团进行合作之外（泰国项目后来因种种原因没有落实，绿地也退出了此次合作，似乎为张玉良的原则做了一个很好的注解），绿地在其余项目的投资上，确实遵循了这个原则。

之所以定下这个原则，并不是因为绿地喜欢做“独行侠”，而是有着现实的考虑。张玉良对此解释说：“他们（外方）节奏太慢，一个项目可能要3年才开工，而我们3个月就能开工销售了。另外，一个项目也不会谈两年，最多两个月。”

现金流是房地产企业的生命线，而要守住这条生命线，就一定要快。签约快、开工快、销售快、回款快，在快速周转中，实现资金的高效利用和企业的迅速做大。“天下武功，无坚不摧，唯快不破”，房地产企业亦大致如是。

自主经营说起来容易，做起来难。其中，最难的在于，中国企业对于“出海作战”没有经验，也缺乏成熟的团队。海外各国的法律环境、政府关系、风土人情、建筑要求、土地使用与中国都截然不同，对习惯于中国式政商环境的中国企业来说，几乎处处是陷阱，一不小心就会被卷入“海啸”的漩涡。从稳健的角度来看，似乎确实应该先从战略投资入手，逐渐摸透项目所在国的情况，再考虑自主经营。

可张玉良不这么看。心里藏着跨国公司梦的他，早已习惯“站得高、望得远”。他觉得，做海外项目如果完全依赖当地企业，无疑将受制于人，不仅让投资难以快速见效，更起不到锻炼队伍的作用。只有通过海外项目运作，逐渐培养出一支足够强大的海外团队，才称得上是真正的跨国公司，才能在国际上真正拥有强大的竞争力。

但是，成熟的海外团队不可能从天而降，要一步一个脚印地进行培养。如何才能避免在前期付出过多的“学费”？绿地通过实战，摸索出了一套方法。如今，绿地在海外成立分支机构，总部只会派出总经理及每条线的主要负责人（一般大约是5~8人）。余下员工均采用本地招聘方式——这样更利于团队了解并熟悉项目所在国的文化，做到“入乡随俗”。同时，绿地的自有国际团队还会和当地专业机构合作，组成项目的大团队。用绿地人的话说，这个大团队的组成方式通常是“3+3”。前一个“3”是三个重要的外部资源伙伴：接轨国际国内的法务团队，财务顾问团队，以及整合当地政府资源、民间资源与学术资源的公共资源团队。后一个“3”则是绿地在国内开发建设中长期培养积累下来的自己的专业团队：技术团队、国内资源团队、销售团队。

由于文化和思维方式上的显著差异，国内团队和国际团队之间往往需要一段时间的磨合。对于国际团队来说，他们需要适应中国人对工作的快速反应和高效处理；对于国内团队来说，他们则需要适应当地的文化和处事方式。在韩国项目中，中方团队就发现韩方团队在事前总要讨论得非常细致具体，有时还不免发生争执，但只要双方议定的事，执行起来一定不打折扣。这和中国人“先干了再说，边干边商量”的风格有显著差别。类似这样的磨合在所有绿地海外公司中都广泛存在，但只要双方互相理解包容，就能够取长补短，共同推动工作稳步向前。

张玉良对此也感到十分欣慰。他曾经有一个愿景：绿地的海外战略不仅重在布局，更要努力提高“走出去”的层次和能力，着力增强抵御国际经济风险、把握国际化经营的能力，从而让绿地集团真正成长为世界水平的本土跨国公司。而如今，这支战斗力旺盛的海外团队正逐渐让他的愿景变成现实。

第十五章　海外疾行

奋斗只是一种行动的昭示，而实际的行动却应该有详细的计划、清楚的段落、坚定的意志和力量。

——戴尔·卡内基

最好的海外投资窗口期

2013 年 7 月，张玉良在受访时公开表示：“目前是海外投资房地产最好的窗口期。”

做出这个判断的理由是：第一，中国的影响力与日俱增，中国企业在世界上的相对实力也在提升，这使得进行海外投资的外部条件已经趋于成熟；第二，许多国家还处于金融危机后缓慢恢复的阶段，资产价格处于历史低位，但已看到复苏迹象，此时出手“抄底”，既能得到当地政府的欢迎，又有望获取超额收益。张玉良没有说的一点是，当时人民币正处于升值区间，本币升值不利于出口，却有利于对外投资。

对于海外扩张充满信心的张玉良和他的绿地，2012 年年底与西班牙著名的美利亚酒店集团做成一笔交易。绿地通过资产置换的方式，获得了美利亚酒店集团旗下在德国法兰克福的一家酒店。所谓资产置换，是指绿地获得这家酒店的股权并不是通过投入现金，而是以国内自有酒店资产作为对价，从而减轻了流动资金的压力。最重要的是，在绿地看来，眼下欧洲的资产价格正处于低位，同样是每晚 1800~2000 元人民币价位的酒店，其资产价格在中国大城市可能是每平方米 5 万~6 万元人民币，但在欧洲每平方米却只折合 1.8 万~2 万元人民币。抛开酒店运营不谈，即使是等待资产升值，这样的交易也是有价值的。

在亚洲、大洋洲、欧洲先后布局之后，绿地的目光投向了更为遥远的美洲。还是遵循“做国内市场的海外延伸”的基本原则，还是延续体量要大、位置要好的绿地风格，绿地这次的目的地是位于美国西海岸的著名城市洛杉矶。

洛杉矶是美国加利福尼亚州的第一大城市、全美人口第二多的城市，与绿地已经登陆的悉尼相似，洛杉矶也是一座华人聚居的城市，甚至被媒体评为全美最适合华人移民的城市。张玉良有一次到美国的一所大学演讲，发现下面80%的学生都是黄皮肤的中国人。这令他意识到，美国的市场也十分庞大，而要想拓展美国市场，最合适的城市当然是洛杉矶。

在洛杉矶，绿地所“攻克”的是洛杉矶中心区大都会项目。该项目位于洛杉矶市中心核心区旧金山街与第八大街之间，连接洛杉矶金融区及会展区，毗邻洛杉矶湖人队主场斯台普斯球馆和格莱美奖颁奖典礼所在的诺基亚中心，开发业态包括酒店、办公、服务式公寓及高档住宅。项目占地面积2.56万平方米，规划建筑面积15.32万平方米，总投资达到10亿美元，是当时中国房地产企业在美投资的最大房地产项目。

巨大的投资可能带来巨大的利润，也可能带来巨大的风险。由于美国对于房屋销售方式的规定与国内不同（如只有房屋交付后才能拿到全部销售款，前期预售款冻结不能使用等），如果将巨额自有资金都沉淀到项目中，无疑是危险的。张玉良对于流动性风险曾有着切肤之痛。2005年“国八条”出台时，绿地因为没有及时停止扩张脚步，几乎处于资金链断裂的边缘。此后，张玉良将现金流看作不可逾越的生命线。在洛杉矶大都会项目上，绿地借助美国对于移民的相关政策，向社会公开募集了大约 2 亿美元的低成本投资移民资金（资金成本大约是 0.2%），并以此为抵押，获取较低成本的银行贷款，融得项目需要的 80% 的资金。因此，绿地在此项目上只需投入 20% 的自有资金（并且是按期分批投入），就可以撬动整个 10 亿美元的项目，资金压力大大减轻。

2017 年 5 月，洛杉矶大都会项目中所包含的英迪格酒店已经建成并开业，预计第一年即可获得营收 2400 万美元；第一期包含 308 套豪华公寓的大都会 1 号住宅楼已经完工，而第二期的 2 号住宅楼已经封顶。洛杉矶市长埃里克·加西堤（Eric Garcetti）在多个场合，再三表达了对绿地开发速度的“惊叹与振奋”，认为绿地以卓越远见与执行力为洛杉矶建设了城市发展所需要的项目，并把英迪格酒店开业视为洛杉矶经济复兴的重要标志。

2013 年是绿地加速海外布局的一年，到这一年年底，绿地已经完成韩国济州，澳大利亚悉尼，美国纽约、洛杉矶，德国法兰克福，英国伦敦，加拿大多伦多等区域的全球投资布局。同时，2013 年也是绿地在海外的投资首次获得回报的年份。韩国济州岛健康城项目和“当年签约、当年开工、当年销售”的悉尼绿地中心项目共为绿地获得了 30 亿元的营业收入。

绿地洛杉矶英迪格酒店开业

无论是单年投资超百亿美元，还是营收达到30亿元，都足以使绿地在全球布局方面领衔内地房企。2014年，貌似儒雅、实则胆大的张玉良又提出了更高的目标：在保持稳定投入节奏的同时，力争海外营业收入达到130亿元以上，相当于比上一年翻两番还要多。如果该目标实现，绿地将基本坐稳内地房企海外收入的第一把交椅。绿地称雄海外的“野心”，昭然若揭。

这使得张玉良和他的绿地获赠了一个新的称号，一个听起来颇有些惊悚的称号：“海外掠食者”。

海外掠食者：尽舐膏腴

刚进入2014年，已经在亚洲、大洋洲、北美洲三洲获得房地产开发业务的绿地返身进入欧洲，在酒店业务之外，又开拓了房地产开发业务。但这一次，它的落脚点有些“特殊”。

1月6日—7日，张玉良亲赴英国伦敦，就伦敦两个大型住宅项目与当地政府签署合作协议，预计总投资将达12亿英镑。其中一个项目位于泰晤士河南岸，建成后将被命名为“绿地·兰姆公馆”，总占地超过3万平方米，交通十分便利；另一个项目则是位于金丝雀码头金融区的超高层公寓项目，该项目即未来的“绿地·伦敦之巅”，建成后将成为全欧洲最高的住宅楼。值得一提的是，金丝雀码头是伦敦的新金融中心，地位相当于上海的陆家嘴，以汇丰银行、渣打银行为代表的许多金融机构的总部、英国分部都云集于此。而“绿地·伦敦之巅”所在的地块，是金丝雀码头仅剩的住宅用地，其稀缺性不言而喻。

这一举动被普遍视为是“绿巨人”继续扩大其海外版图的系列行动之一，公众被绿地海外投资金额屡刷新高的大手笔所震撼。但同时却鲜有人发现，绿地海外“掠食”的逻辑正发生着微妙的变化。

与韩国（济州岛）、澳大利亚或美国不同，英国并不是一个移民国家，相反，英国对于非欧盟移民的政策非常苛刻，通俗地说，它只欢迎最好和最聪明的移民进入英国。登陆伦敦，似乎并不太符合绿地“做国内市场的海外延伸”的商业模式。

在英国期间，张玉良接受了BBC（英国广播公司）电视台等媒体的采访，关于为什么选择登陆英国伦敦，他回答说：“伦

宅地块、欧洲住宅第一高度、明星同款豪宅等概念引爆了销售，项目一经开盘即获热捧，首批房源一个多月内便告售罄，实现合同销售金额 24 亿元。而其中，非华人购置者同样占据了一定的比例。

绿地 · 伦敦之巅效果图

英国市场的热销令人雀跃，而其中所展现的更加均衡的客户结构，更令绿地惊喜。这意味着，一个更为广大的空间，正在绿地眼前缓缓展开。

急速放大的海外事业

挟着进驻伦敦的余威，绿地继续加速前行。2014 年 2 月，绿地与马来西亚新山市就两个项目签署了合作备忘录。这两个项目分布在新山市的东区和西区，沿柔佛海峡，与新加坡一衣带水，更有桥梁相连。值得一提的是，新山项目当年 6 月启动首期开盘销售时，预售客户群中，有 75% 来自马来西亚及新加坡当地，10% 来自日本、印尼等其他海外国家，仅有 15% 来自中国。显然，“世界的绿地”正在渐渐变为现实。

2014 年 3 月，绿地与加拿大多伦多市达成合作意向，投资 20 亿元人民币，在多伦多市核心区域，多伦多电视塔旁兴建两座高层公寓。

2014 年 8 月，绿地在济州岛追加投入，在绿地健康旅游城区域扩大投资规模，新获 470 亩（约 31.3 万平方米）土地。

最重要的变化产生在澳大利亚。继 2013 年绿地进入悉尼，投建第一个项目悉尼绿地中心之后，2014 年 3 月，继续收购了悉尼北区和内西区的两幅土地。2015—2016 年，绿地澳大利亚公司又分别在悉尼东区、南区获得三个项目，实现了滚动开发、自我造血。除了有条不紊地进行项目开发，绿地也积极融入当地社会，以企业公民的形象，履行自己的社会责任。譬如，绿地用 99 年 1 澳元的象征性租金将悉尼绿地中心裙楼的一部分租给悉尼市政府，为其提供了一个总面积达 2000 平方米的艺术创意中心，用于社区公共艺术的发展。持续的深耕和回报，已经让绿地在当地获得认可，也为绿地未来在澳大利亚的发展，奠定了坚实的基础。

在绿地大踏步拓展版图之时，前期投入也开始产生回报。2014年，美国洛杉矶、马来西亚新山、澳大利亚北悉尼、加拿大多伦多等多个项目开盘销售，当年实现海外收入153亿元，较上一年大幅增长467%。当有媒体略为“苛刻”地提出，这个成绩并没有达到绿地年中所提出的200亿元收入目标时，张玉良有些“较真”地解释说，绿地当年的海外业绩按照各国法律来计算有153亿元，但如果按照国内口径，这个数字还要更大一些。

时任纽约市市长布隆伯格会见张玉良

其实，无须为具体的数字介怀。无论是海外投资总量，还是海外营业收入，此时的绿地都已经成为当之无愧的中资房地产企业翘楚。

甚至在许多房地产企业避而不谈的海外项目利润方面，绿地也颇感自豪。由于布局较早，绿地抓住了海外国家资产价格较低、贷款政策宽松和人民币升值的窗口期，由此也带来了投资回报率的提升。典型的如韩国济州岛健康旅游城项目，先期投入约1500万美元，2013年即收回10亿元人民币。

也正因此，兰德咨询总裁宋延庆在谈论绿地的海外战略时，做了这样既简短又有力的评价："绿地很有战略远见。"这与一家领军房地产企业总裁的评价颇有异曲同工之妙："我们赚了很多战术的钱，绿地则赚了很多战略的钱。"

"很有战略远见"的绿地没有停留在2014年的辉煌战绩上自得其乐。2015年，在继续推进海外布局的同时，张玉良又开始了新的"革命"。

第十六章　国际化再升级

企业一旦站立到创新的浪尖上，维持的办法只有一个，就是要持续创新。

——张瑞敏

竞标失败的启示

2015 年，绿地经历了一次失败的竞标。

故事要从 2014 年开始讲起。当年，澳大利亚昆士兰州政府推出了一个项目——布里斯班皇后码头（Queen's Wharf）大型综合体项目。该项目包括综合度假村部分及住宅部分，覆盖合计约9.4万平方米的区域，且附带度假酒店、博彩牌照等概念。昆士兰州政府对该项目为当地经济和城市面貌带来的提振作用寄予厚望，希望引入大型财团进行投资建设。

昆士兰州地处热带，有大堡礁和著名的海滩，是知名的旅游胜地。昆士兰州政府为刺激当地经济、抵消资源经济降温的效应，对开发更多博彩物业大开绿灯。博彩运营牌照意味着可以吸引更多人流，对商业项目及住宅项目的价值都有极大的提升作用。这也导致布里斯班皇后码头项目的开发权一度引发12家企业的激烈竞标。“掠食者”绿地自然不会放过这个机会，大胆出手，介入其中。

在第一轮竞标中，绿地成功击败三分之二的竞标者，与另三家企业成功入围。当年6月，澳大利亚博彩企业Echo集团与香港周大福企业有限公司、香港远东发展有限公司签署协议，共同推动皇后码头的酒店赌场项目。为与之抗衡，绿地随后也与皇冠集团联手合作。双方紧锣密鼓，各显神通，在竞标规定的时间内，提交了各自的方案。

2015年7月，“布里斯班皇后码头争夺战”尘埃落定，最终获胜的是远东集团、周大福和Echo组成的联合财团（以下简称“远东财团”）。根据远东财团呈交的标书，该项目将包括三座由约2000个单位组成的住宅楼宇、5家世界级酒店（包括由Echo拥有的丽思卡尔顿酒店）、高档食品店及商店，以及1家赌场，投资额高达约110亿港元。按照昆士兰州官员的看法，该方案“纳入了大量公共空间”，同时认为它们的方案可把整个布里斯班商业中心地段改头换面。

此前在澳大利亚攻城略地，先后已经拿下4个项目的绿地，输掉了这次竞标。

瑕不掩瑜，不能苛求企业去赢得与全球竞争对手的每一次战役，重要的是不能让失败的教训变得无谓。布里斯班皇后码头项目的竞标结果放在张玉良的案头，他陷入了沉思。很显然，布里斯班皇后码头项目与以往的项目不同，并不是只要完成开发并出售就可以，当地政府希望的是企业能进行综合运营，提升城市价值。那么，绿地的国际化战略，是否也应该随之升级？

从单一开发到综合运营

2015年5月，张玉良受日本国土交通省的邀请，出席在东京举行的国际地产投资交易会，代表中国房地产业协会做专题演讲。尽管自“广场协议”之后，日本遭受了所谓“失去的二十年”，但日本仍然是亚洲经济最发达的国家、世界第三大经济体，东京都市圈长期以来是五大世界级城市群之一，经济发达、地价昂贵。此外，虽然日本有为人诟病的老龄化问题，但由于其房产价格在泡沫破裂之后久未大涨，在全世界货币宽松导致的不动产一片“涨”声中，反而显现出一定的投资价值。根据NHK（日本放送协会）电视台报道，2014年外国人投资日本房地产成交额达到9817亿日元，占日本国内房产市场成交额的两成之多。而随着中国和其他亚洲国家游客数量的激增，银座和其他游客经常光顾的商业区地价普遍实现两位数的上涨。张玉良此去日本参会，颇有些“醉翁之意不在酒”的意思。善于全球“掠食”，并在发达国家、一线城市的核心地段尝到甜头的绿地，这次将目光投射在了日本东京。

在东京转了一圈后，回到国内的张玉良，一反常态地没有强力推动对日投资。他是一个喜欢速战速决的人，曾经对媒体表示“一个项目谈两个月还谈不下来，直接放弃”。

种种迹象表明，绿地的海外投资策略又在发生着微妙的变化，而这种变化，多少与国内策略的变化有关。2014年，“房地产从黄金时代进入白银时代”的论断令所有从业者心生警惕，房地产供需关系从供不应求到供求总体平衡、局部甚至供过于求的状况，将“开发—出售”的传统经营模式的利润空间逐渐锁死。绿地在其2015年的工作安排中，就房地产主业提出了三个“并”:“质量与规模并重、开发与运营并举、产品与服务并行”。同时，明确“深化产城一体化综合开发，着力发展空港新城、地铁物业等有主题内容的产业地产项目，提高产业地产的规划设计、招商运营和综合服务水平”。后来，绿地在2017年将房地产行业的新常态总结为“两大两重”，即“大企业、大项目，重产业、重运营”，其“两重”思想即肇始于此。

也许是意识到单一住宅开发项目的潜在风险，绿地在海外的探索也逐渐开始走向多元化。2015年12月，张玉良再次赴日考察，这次，他很快就敲定了一个新的项目——日本千叶海港广场综合体项目（以下简称海港城项目）。

该项目位于日本千叶市中心、东京都市圈内，距JR（日本铁路公司）京叶线“千叶港”站仅10分钟步行距离，紧邻东京成田国际机场进入东京都的主干道，同时，东京迪士尼乐园又位于其通向东京的主干道旁，地理位置十分优越。项目占地面积约2万平方米，总建筑面积14.7万平方米，包括办公、商业、酒店等业态，总可租面积约9万平方米。

在此之前，该项目归属于新加坡的一家上市公司，但由于经营不善，商铺租赁情况惨淡，整体仅能维持微利。这家上市公司对项目运营没有信心，希望能以较低的价格将其脱手。绿地团队经过周密的考察，认为基于三点理由，应该将项目拿下：首先，如果按重置法估算，新收购土地并建造这样一个商业综合体，付出的代价比目前的价格要高得多，因此，其资产价格是低估的；其次，考虑到日本经济有复苏迹象，并且中国赴日旅游的人数逐年增长，如果改善其商业运营，并增加一些中国元素，再加上其优势地理位置，盈利空间应当很大；最后，其时日元汇率处在一个较低的位置，即使仅考虑汇率差的潜在获利空间，这种收购也有利可图。基调确定之后，绿地立刻与对方开展收购谈判。

为了更加适应当地情况，增强项目未来的可盈利性，绿地还引入了一个强大的合作伙伴——日本规模最大的免税连锁企业LAOX（乐购仕）株式会社，与其共同投资收购海港城项目。由于卖方在新加坡，资产和合作伙伴在日本，收购方式又比较特殊，需要聘请专业的财务及法律团队，因此，此次收购谈判展开得非常辛苦。交易各方经常需要用视频电话连线数小时，并在三种语言之间反复磨合。尽管客观情况如此困难，绿地团队仍然保持旺盛的精力，持续推动着谈判进程，这让日本和新加坡的合作伙伴在大呼“中国人的工作节奏不可接受”的同时，也不得不对他们表示深深的钦佩。最终，这个非常困难的交易在半年内即宣告完成。

值得注意的是，在这个项目中，绿地的收购目的并不是简单地转卖去实现利润，而是希望通过中长期持有经营并加强运营，提升租金和物业价值来实现增值。这一操作模式与以往在海外的“投资—开发—销售”模式已经有了显著区别。这也意味着，绿地的海外投资战略，已经发生了从单一开发向综合运营的转变。

从“走出去”到“引进来”

2015年是绿地集团新一轮中期规划的开局之年。这一年，绿地形成了一个重大的企业战略定位，即“一主三大”战略。大消费首次升级为绿地产业结构中的重要一环。而与传统零售企业不同，绿地全面进军大消费领域，将连接从自产、直采到直销的全产业链，同时构筑线上线下的全渠道，建立全球商品进口网络，真正实现“嫁接全球资源，服务中国市场”战略的实施。

在新战略定位的宏观指引下，在2015年的工作安排中，绿地在国际化部分首次在“走出去”之外又提出了“引进来”，即加大“走出去”和“引进来”的力度，推动国内国际双向资源整合，不断提高全球化战略的广度和深度。其中着重指出，要“加快海外非房地产业务投资发展。顺应中国市场消费结构和消费需求转型升级的趋势，围绕快消品、日用品、医疗健康等与大消费相关的领域，着力引进全球优质资源，服务中国市场”。

“引进来”的速度快得异乎寻常。2015年新年伊始，绿地和韩国济州特别自治道签署《济州商品出口中国协议书》。这是继中韩自贸协定实质性谈判结束以来，首个由韩国当地政府亲自牵线搭桥、集中组织产品出口中国的大单。根据这个协议，绿地将分阶段扩大济州产品的进口，从 2015 年的 1500 万元人民币起步，在 3~5 年内扩大至约 2.5 亿元人民币。

2015 年 2 月，绿地在美国、英国、韩国、澳大利亚布点的四大海外直采中心揭牌成立；次年，加拿大直采中心揭牌成立。通过上述直采中心，绿地将建立全球采购海外商品的直接通道，有效确保进口商品达到 1.5 万种以上，构筑价格和差异化优势。

2016 年 3 月，绿地宣布启动跨境电商战略，并与上海市青浦区政府签署合作协议，在青浦出口加工区投建绿地青浦跨境贸易基地，并注册成立全资跨境电商运营公司，牵头建设绿地全球购跨境电商交易平台及保税仓储物流基地等供应链服务体系。

建立海外商品采购中心，目的是减少中间流通环节，实现原产地直采，从而建立起低成本、高品质的商品供货渠道，提高渠道控制权和话语权。而建设跨境电商平台，则是用以连接境外采购和境内销售，为自身及跨境电商合作方提供供应链集成。这样，绿地在进口商品直销的产业链中，形成了以境外直采中心为上游、“绿地全球购”跨境电商平台为中游、快速扩张的 G-Super 为下游的完整布局，对全球资源的接入形成了极强的掌控和整合能力。

国际化从来不是一个单向的行为，只有“有出有入”，才能真正实现与全球的融合。从单纯的资本输出，到面向全球引入资源，绿地正逐渐进化为一个“全球资源整合者”。而这，也是张玉良心中，一家跨国企业真正应当具有的气象。

从“重资产”到“轻资产”

随着对海外探索的不断深化，绿地对海外销售模式的熟悉程度越来越高，也渐渐发现海外销售模式普遍与中国销售模式不同。海外房产销售时，预售阶段普遍只能收取10%左右的预收款，而且预收款在律师的监管账户中，不能随意动用，只有当房产交付之后，开发商才能收到全额的购房款。这就意味着，前期两三年的开发期内，投入资金一直沉淀在固定资产上。回收期过于漫长不仅放大了风险，也摊薄了收益。在国外，解决房地产业前期资金压力过大的方法是分散投资主体。以美国为例，其房地产开发投资资金主要来源于房地产投资信托基金等公募和私募基金，而基金通过发行收益凭证来筹集资金，资金实质上来源于社会大众。开发商起到的主要作用是受托对投资标的物进行开发、经营和管理，主要收益来源是收取管理费，其投资一般在整个权益中占比不超过10%，可谓是一种“轻资产”的模式。[①]

---

① 李健飞. 美国房地产信托基金研究及对我国的启示[J]. 国际金融研究，2005, (1): 48-53.

绿地在深耕海外获得一定经验之后，也在探索轻资产的路径，而其良好的海外开发声誉也为其开辟轻资产的道路提供了帮助。2016年8月，绿地宣布与平安信托、雅居乐集团和宝丰资本合作，共同收购南旧金山市牡蛎湾项目。该项目为生物科技产业园项目，项目开发面积共计225万平方英尺（约21万平方米），包含了住宅和办公两个部分。未来，绿地通过打造这一产业园，将进行产业孵化，在带动中国生物科技产业企业在美开展研发合作的同时，有望扩展自己的产业集群。在这个项目中，绿地首次在海外采用“小股操盘”的方式，并未控股本项目，出资压力骤然减轻，腾挪空间也因此放大。

更值得一提的是，由于南旧金山市毗邻斯坦福大学、加州大学伯克利分校和加州大学旧金山分校，是世界著名的生物科技中心，当地对办公及研发中心的需求相当旺盛，雇员数量也呈上升趋势，因此，当地的办公物业租金和住宅价格都在稳步上升。以绿地领衔的联合体完成收购后，尚未开始开发，便有当地投资方希望购买其中一块办公用地。在这次出售行为中，绿地获得了大幅的土地溢价，几乎覆盖了其全部原始购地成本。这个“意外之喜”，让绿地此次轻资产化的尝试变得更有价值。

如今，小股操盘的模式已被绿地上下高度认可，将在国内外广泛展开试验。在白银时代，房地产企业之间的竞争将不再仅仅是规模和资金实力的竞争，更是开发能力和投资技巧的竞争。由重向轻，让绿地在控风险、提效益的康庄大道上，稳步前行。

第六篇 资本狂飙

第十七章　拥抱资本市场

资本市场为中国企业特别是国有企业的改革和机制转型提供了天然的市场化平台，从而极大地提升了中国企业的市场竞争力。

——吴晓求

迟来的邂逅

绿地前 20 年的发展道路既不寻常也不特殊。所谓不寻常，指的是其以上海市农委、建委下辖的一个“处级”公司身份，凭借 2000 万元启动资金起家，20 年间成长为世界 500 强企业。

所谓不特殊，则是指绿地的成功并非"逆天而行"，而是与中国其他众多优秀企业一样，极大地受惠于这个激荡的大时代。正是中国改革开放所释放出来的巨大红利，将枯如池沼的中国市场培育成汪洋大海，终于令挣扎的鲤鱼长成腾跃的蛟龙。

但与其他标杆企业相比，绿地还是有一个特殊之处。尽管2012年的绿地足迹已经遍布全国，甚至扬帆远航，在海外频频落子，但直到此时，绿地仍然未与资本市场发生关联。上海证券交易所位于浦东的陆家嘴，而绿地集团总部则坐落于浦西的黄浦区，两者之间只隔了一条黄浦江，却仿佛相隔一条银河，动如参商。

在当时的标杆房地产企业"招保万金"[①]中，万科1991年即已登陆资本市场，上市代码为000002，是继深发展之后第二家在深交所上市的公司；招商地产的上市时间略晚于万科，于1993年在深交所上市，上市代码为000024；金地集团2001年4月在上交所挂牌上市；最晚上市的是保利地产，于2006年7月在上交所挂牌上市。与这些同侪相比，绿地在资本化方面似乎晚了不止一步。

并不是资本市场不重要。首先，资本市场具备突出的融资功能，从资本市场获得股权性融资比从银行、信托等中介金融

① "招保万金"指股市中表现最活跃最具代表性的四大房地产龙头企业：招商地产、保利地产、万科和金地集团。——编者注

机构获得债权性融资成本更低，而且更有利于企业的资产负债比例的调整；其次，资本市场具备价值发现功能，优秀的企业在资本市场上获得高估值，有利于它兼并、收购其他企业，实现跨越式的成长。最后，进入资本市场有利于改善企业的公司治理结构，使其成为真正的现代企业。中国人民大学副校长、金融与证券研究所所长吴晓求曾经在一次受访时说："没有资本市场，中国企业特别是国有企业就不可能建立起真正意义上的现代企业制度。资本市场使单个股东或者少数股东组成的企业成为社会公众公司，对中国企业来说，这就是一种彻底的企业制度变革，是一种观念的革命。这种制度变革，使中国企业从为所欲为、无知无畏的盲流的心态，转变成为既有制约又有激励的现代行为机制。"①

也不是张玉良和绿地的高管们看不到上市的重要性。其实早在2004年，已有媒体报道绿地有赴港上市的计划。2007年，张玉良更是公开表态，称绿地正在筹备A股整体上市，并已经进入实质性准备阶段。在2008年的一次受访中，他又再度发声："绿地一定要上市的。"然而，受制于房地产宏观调控、上市方案过于复杂等原因，各种方案反复受挫。雷声阵阵，而甘霖迟迟不来。

① 吴晓求.中国资本市场六大作用与五大发展背景[EB/OL].http://finance.eastmoney.com/news/1374,20110223121090016.html,2011-02-23.

2013 年是绿地集团开启“二十年后再出发”新征程的首年——在年初的工作安排中，绿地再次将资本运作作为年度工作的一项重点，其中写道：“进一步完善公司治理结构，通过增资扩股引入战略投资者。通过扩大资本规模满足发展需求，通过进一步推进股权多元化建立更为市场化的体制机制……积极推进资本证券化，拟在境外收购上市公司，适时注入集团海外业务，使之成为集团推进海外战略的主体……”

而这一次，资本市场终于在绿地面前摘去面纱，露出美丽的笑容。

邂逅的地点，在香港。

港股借壳，目标：盛高置地！

1998 年，广东人王伟贤在上海成立了上海康桥半岛房地产发展有限公司（盛高置地的前身），在上海南汇区康桥半岛新城启动造镇计划。其时的绿地，正在热火朝天地参与上海市的旧城改造与新城建设，并随着一个个项目的顺利完成而迅速长大。同在上海的两家企业相互知闻，并肩而行。与绿地一样，盛高置地在本地耕耘数载之后，也昂首出沪，踏足全国，在安徽、江苏、云南、海南等省攻城略地。

没有人料到，15 年后，它们还会以一种颇具戏剧性的方式，重新相聚而至融合。

与绿地不同，由于股权关系相对比较清晰，上市程序简单，盛高置地早在2006年10月便已在香港联交所上市，上市代码为0337.HK。另一个与绿地不同的特征是，盛高置地在经营的15年中，业务方向一直非常稳定，即开发住宅和酒店业务，此外是有限的商办项目。地产之外的领域，盛高置地几乎从不染指。

应该专注主业还是应该多元化发展，是中国企业界永恒的辩题，并且恐怕永远也没有答案。万科从1988年涉足房地产开始，20余年专精一处，成为所有房地产企业竞相学习的行业领导者。恒大退出粮油、乳制品及矿泉水业务，将主业聚焦于地产及相关业务，终于在2016年实现房地产主业销售额超越万科，成为行业第一。从这个角度说，盛高置地的战略并没有错。

盛高的危机，与中国绝大多数房地产企业遭遇危机的方式如出一辙——激进的扩张战略与突如其来的宏观调控迎头相撞。相撞之后，强大如铜墙铁壁的国家宏观政策依然沉默地矗立，而来不及减速的企业已然粉身碎骨。

财经作家吴晓波在他的著作《大败局Ⅱ》中曾不无惋惜地写道："一个视现金流为第一要素的企业家，最终还是败在了现金的断流上。就这个意义而言，顺驰和孙宏斌的败局是一次没有技术含量的失败。”①现在，这个败局在盛高置地身上重演。

2010年2月8日，盛高置地一天之内在无锡制造了两个“地王”，购地合同总价近50亿元。也就是在当年，为了应对通货膨胀和房地产市场过热，中央政府开始严厉调控。从2010年至2011年7月，央行共加息5次，上调存款准备金率12次，“国八条”、房产税试点改革先后落地，“限购”“限价”“限贷”等政策全面升级，连二三线城市也要限购。

2011年，盛高置地进入的8个城市中，6个城市出台了限购令，这令其主打的高端改善产品受到沉重打击。当年，盛高置地的销售额近乎腰斩，而负债率由52.4%飙升至81.3%，甚至在年中一度高达107%。盛高置地在艰难之中，不得已“断臂求生”，2012年6月至2013年1月的半年间，先后转卖三个项目，套现20多亿元。尽管如此，盛高置地的困局并未根本解决。

在盛高置地身临危局之时，绿地却是另一副光景。2012年，绿地集团不仅成功晋级世界500强，而且房地产主业销售额破千亿元，仅次于万科，排名全国第二。此时的绿地“手中有粮，心中不慌”，所缺少的仅仅是一个连接境外的融资主体。

现在，机会真的来了。

---

① 吴晓波. 大败局Ⅱ[M]. 杭州：浙江大学出版社，2013.

成功永非一帆风顺

尽管盛高置地的运营出现问题，资金链紧绷，但绿地内部对其评价却非常好："盛高置地在上海和长三角有很多项目，像康桥半岛就开发得非常好，在外滩的半岛酒店也是上海顶级的酒店，应该说它的品质管理是非常好的，业内的评价很高。而且王伟贤这个老板也是非常大气的老板，我们也很愿意跟他合作。"

另一边，王伟贤也期待着绿地的到来。绿地有着雄厚的资本和远大的规划，盛高置地如果被绿地收购，意味着其将成为绿地海外战略的主要实施平台和融资平台，集团对这一平台的关注和扶持将源源不绝，而资金链问题也将不是问题。

这似乎是一桩一拍即合的生意。然而，正如那句俗语所说："好事多磨"。绿地仿佛西行的玄奘，在上市之路即将圆满的最后一刻，还要遭受那第八十一难。

第八十一难的名字，叫作"香港联合交易所主板上市规则"。

原来，根据香港联交所上市规则第 8.08 条的规定："无论何时，发行人已发行股份数目总额必须有 25% 由公众人士持有"。公众人士持股比例一旦跌至该下限以下，联交所有权对证券进行停牌，甚至有可能触发退市。

而盛高置地，恰恰是一个实际控制人高度控股的公司。

根据公开信息，截至2012年8月21日，实际控制人王伟贤的持股比例达到70.66%，距持股比例限制仅仅一线之遥。而如果按照原始方案，由盛高置地对绿地定向发行股份，而且绿地还要成为盛高的大股东，那么公众持股比例将毫无疑问被稀释至25%以下。一旦引发停牌甚至退市，绿地借壳盛高将毫无意义。

为山九仞，岂可功亏一篑？绿地人永不止步的劲头又上来了。并购团队与盛高置地方面紧密合作、持续谈判，又与操盘这一项目的投行及两家律所反复研究沟通。渐渐地，一套精巧复杂的设计方案浮出水面。

在这套方案中，绿地将通过其香港子公司格隆希玛，以约30亿港元的代价认购盛高置地定向增发的股份（定增完成后，绿地将持有盛高置地约60%的股权）。但是，为了维持公众持股量规定，增发的股份中有一大部分是可转换优先股，无表决权，不计入普通股；同时，盛高置地对其他股东发行红股，并与王伟贤签订买卖协议，置出半岛酒店资产。以上述一系列举措，满足交易双方诉求并符合港交所规定。

收购方案谈判初成之日，盛高置地即开始停牌。到了晚间，又一个坏消息传来，由于收购方案中有太多创新，监管机构有人“不喜欢”这个方案。并购方案眼看又要失败。

整个并购团队已经精疲力竭，面对着即将失败的结局，连主持会议的投行负责人的声音都开始颤抖。关键时刻，绿地人又咬了一次牙："香港那么讲究法治的地方，法无禁止即可为，怎么能因为监管机构不喜欢，就不批准我们的方案？"

在绿地的坚持下，并购团队几股力量分别想办法与监管机构沟通。次日午间，方案终于得到认可。

至此，绿地收购盛高置地尘埃落定，绿地的第一个海外上市平台——绿地香港，自此冉冉升起。

"这件事做成了，下一步干什么？"

2013 年是绿地资本运作的高峰期。这一年，绿地不仅成功入主盛高置地，而且引入了平安、鼎晖、汇添富、国投等 5 家机构作为战略投资者，进一步优化了集团股权结构，在国内 A 股市场整体上市也开始了筹备工作。绿地喜事频仍，张玉良本人也拿到了央视评选的"年度经济人物"，可谓喜上加喜。

在一片欢腾之中，张玉良依然很冷静。有一次，他和集团一位负责资本运作的高管赴西班牙考察酒店，在路上，他冷不丁地回过头来，问了一句："这件事做成了，下一步干什么？"这位高管后来颇为感慨地说："永不满足，永不止步，绝不是说说而已。张总这样要求我们，因为他自己就是这样做的。"

绿地香港控股成立盛典

张玉良当选 2013 年中国经济年度人物

成功收购盛高置地并将其改造为港股上市平台绿地香港后，绿地在香港资本市场的行动还在延续。2015年5月，港交所上市公司润东汽车（01365.HK）向绿地境外全资附属公司定向增发股份，定增完成后，绿地集团通过子公司持有该上市公司30%的股权，成为其控股股东。2017年2月，绿地集团通过子公司收购博大国际所持有的香港上市公司博大绿泽（01253.HK）股权，收购完成后，绿地集团持股比例达到29.66%，实现控股地位。

持续获得香港上市平台，标志着绿地的资本运作能力正在日臻成熟。不过，一直到2014年年底，绿地都还没有获得自己的A股市场上市平台，这始终令绿地人寝食难安。

内地资本市场起步虽然晚于香港，但受益于大陆快速增长的经济总量和庞大的市场容量，此时其地位隐然间已在香港之上。根据相关报道，截至2014年年底，A股市场总市值达到3.94万亿美元，排名全球第四；而同期H股总市值约为2.73万亿美元，排名全球第六。此外，参与A股市场的资金量更大，流动性更好，公司估值也更高。

绿地从来就没有放弃过A股市场上市的目标。为了这一天，它已经等待得太久了。

第十八章　A股上市的漫漫征程

向着某一天终于要达到的那个终极目标迈步还不够，还要把每一步骤看成目标，使它作为步骤而起作用。

——歌德

2015年8月18日，这个在国人眼中只是有些吉利的普通日子，成了近年来绿地人最兴奋、最喜悦的一天。当天上午，绿地控股成功借壳金丰投资（600606.SH），在上海证券交易所正式揭牌并鸣锣开市，绿地集团终于实现在A股整体上市的梦想。开盘之后，绿地控股的市值一度达到3054亿元，超越万科成为全球市值最大的以房地产为主营业务的企业。

鸣锣前，张玉良发表了一个简短的致辞，他说：“将中国的绿地发展为世界的绿地，成为世界 200 强。”依然是一贯的不止于现状、着眼未来的作风。台下掌声雷鸣，镁光灯闪成一片。

绿地控股鸣锣上市

张玉良在上市仪式上致辞

上万名绿地员工在全球各地通过网络观看了这一幕，并为之欢呼自豪。但他们之中的绝大多数人，可能并不太清楚绿地整体上市之路的艰难与漫长。

一切都要从1997年说起。

1997年，职工持股会

1997年，绿地成立刚满5年。此时的绿地已在上海开发了大量动迁房、安居房并建设了超过1700亩（约113万平方米）公共绿地，净资产超亿元，总资产超10亿元，不再是当初那个只有2000万元启动资金的小个头。但即使如此，绿地也并未动上市的念头。只是此时的张玉良已经有了一个焦虑：相比其他国企，绿地的管理机制确实先进灵活，如工资不是完全参照级别，而是考虑岗位、业绩的不同，对一线部门、业绩优良的个人进行倾斜。但是工资收入只是“小文章”，怎么样让那些卖命工作的员工，能更多地享受企业的成长，更安心地在绿地工作？

他很快找到了答案。这个答案藏在国家体改委1985年公布的《全国城市经济体制改革试点工作座谈会纪要》中。这份纪要第一次在国家层面推出股份制改革中的员工持股方案，明确指出“允许员工投资入股、年终分红”，提出试点城市可选择少数大企业试行吸收本企业职工入股。1992年以后，中国已经全面铺开企业股份制改革试点，职工持股公司不断涌现。

张玉良要求进行股份制改造，设立职工持股会的提议，很幸运地得到了政府主管领导的支持，这更让他坚定了信念："以前是员工躺在公司的大股盘上，公司躺在国家的大股盘上，现在我们要倒过来躺，国家躺在公司身上，公司躺在员工身上。"让公司的利益与员工生死攸关，员工就不会因惰怠而躺下，而是将公司背在身上往前跑。大家都背着公司往前跑，公司何愁不壮大？

为了解决员工流动带来的股权分配问题，并进一步提升公司股权的流动性，绿地还创造了一个"内部有偿转让"的制度。当时的绿地不是公众公司，股份不能在资本市场上自由转让，但有了股份就有了获得分红的权利，股权当然有价值。每季度第一个月的18日，绿地就把自己的会议室变成股份转让的营业大厅，职工济济一堂，根据公司的经营业绩和对未来的预期，决定购入或卖出股份。通过这种交易行为，员工体会到了企业效益和股权价值的关系，投资意识渐渐成熟。

实施员工持股和股权交易的初衷是为了激发员工的主人翁意识，使个人利益与公司整体利益一致。不过，随着这种"内部上市"机制的顺畅运行和不断改良，绿地从上到下都对资本化这件事渐渐有了感觉。如今，当绿地人细数上市历程时，常常将1997年股份制改造，形成“国有控股、职工持股”的股权结构作为第一步，其作用除了股权架构的初步搭建之外，也带来了观念的重塑。

把大象装进鸡蛋壳

新世纪的大门打开，一切事物仿佛都在加速。绿地跃出上海，在广阔空间中体会到大有作为的快意之时，也不无焦虑地发现同行们正在争先恐后地涌向资本市场，并在这个日益庞大的舞台上叱咤风云。

新世纪前10年，绿地其实一直将登陆资本市场这件大事列在时间表上。然而，由于宏观调控限制房企上市、上市方案过于复杂等原因，整体上市一直延宕了下来。

时间来到2013年。这一年，花开墙外，绿地成功控股盛高置地，获得了港股上市平台——绿地香港。而就在8月盛高置地发布公告，宣布收购方案获得股东大会通过之前，2013年7月2日，上交所主板上市公司金丰投资（600606.SH）发布公告，称“本公司于2013年6月28日晚接到控股股东上海地产（集团）有限公司通知，称上海地产（集团）有限公司将研究有关涉及本公司的重大事项。鉴于该事项存在重大不确定性，为防止由此而引起的本公司股价异常波动，维护投资者利益，经申请，本公司股票自2013年7月1日起停牌”。

敏感的资本市场意识到将有大事发生，而其中有一种传言便是，绿地即将借壳金丰投资，实现A股市场整体上市！

这个猜测是正确的。此时，这场由上海市国资委主导，绿地集团、上海地产、金丰投资等多个主体参与的A股史上规模最大的并购重组案，正徐徐拉开大幕。

值得注意的是，停牌前的金丰投资股权总价值大约只有23亿元，而拟装入壳中的绿地集团股权估值约655亿元。壳资源与拟注入权益价值相差近30倍，这一次资产重组，实不啻将大象装进了鸡蛋壳！

这种大规模重组带来的挑战，首先在于超大规模的工作量。绿地是一家多元化经营的集团公司，而此次上市并非旗下某个产业的上市，而是整体上市。在当时绿地旗下的产业中，销售额最大的房地产和能源板块都是不受中国证监会欢迎的产业，而建筑施工又是最容易引发诉讼的产业，这令绿地与监管层的沟通成本大幅上升。同时，按照当时的要求，绿地700多个房地产项目要逐个梳理，从拿地开始到办证、销售每个环节，不能有一点瑕疵，如果存在瑕疵，就要到项目所在地相关部门，如建委、环保、税务、消防等出具证明。700多个项目，每个项目都是上千万元甚至过亿元的体量，从立项到交付流程漫长，中间很难保证毫无纰漏，梳理难度可想而知。按绿地员工的说法，“我们上市的材料搬出来，总部一层楼整个大厅都装不下”。

工作量大是个挑战，考验精力、体力和协调能力。但在绿地上市之路上，还横亘着两个麻烦，这两个麻烦，却非智慧不能解决。

绿地能破题吗？

第一题：优化股权结构

第一个麻烦来源于绿地的股权结构。此时的绿地，主要股东为职工持股会和上海市三家国资企业，三家国资企业占股合计大约是 56%。

这个股权结构带来两个问题。第一个问题是根据上交所股票上市规则，如社会公众股东①持有的股份连续 20 个交易日低于公司总股本的 25%，公司股本总额超过 4 亿元人民币的，低于公司总股本的 10%，则公司不具备上市条件。绿地的原始股权结构中没有社会公众股，而由于金丰投资的规模太小，其原有的公众股在并购完成后占比肯定无法达到 10%，这意味着绿地将失去上市资格。

① 社会公众股东指不包括下列股东的上市公司其他股东：（1）持有上市公司 10% 以上股份的股东及其一致行动人；（2）上市公司的董事、监事、高级管理人员及其关联人。

第二个问题是，绿地是以混合所有制企业为组建目标的，以现有的股权架构上市，意味着绿地将成为国有控股的上市公司，那么难以保证未来经营管理的自主权，难以保证在激烈竞争的市场中仍然保持灵活性。

解决股权结构的麻烦，只有一个方法，即引入战略投资者。并且为了实现混合所有制的目标，应当引入非国资的战略投资者，同时为了避免审批流程过长，最好不要引入外资。

在这种实际需求和条件限制之下，经过三个月的运作，绿地成功引入平安、鼎晖、汇添富等5家国内知名的机构投资者，共筹资117亿元，持股比例约为20%，而国资系持股比例降至50%以下。由于私募股权基金属于公众持股，股权结构的隐患得以解决。同时，上述私募股权基金具备丰富的资本运作经验，对绿地完善公司治理、推进上市进程起到了至关重要的作用。

第二题：职工持股会变身

曾作为绿地发展“强力引擎”的特殊机制——职工持股会，在上市前反而成了一个麻烦：监管层明确表示，因职工持股会不具备法人资格，故不受理职工持股会作为股东或作为发起人的公司公开发行股票的申请。因此，绿地要想登陆A股市场，就必须对职工所持股份进行清算——要么进行股权转让，要么把股权直接落实到职工个人。

问题是，绿地集团内部员工持股由来已久，在筹备上市前夕，不可能要求大家把股份转让出去；而此时持股会成员多达982人，如果股权直接对应到人，那么必将突破股份制公司股东人数不超过200人的法律规定。怎么办？

绿地的应对策略是教科书式的，令人叹为观止。

首先，绿地管理层43人共同出资，设立一家管理公司——上海格林兰投资管理有限公司（以下简称格林兰投资）。

接着以格林兰投资为普通合伙人（GP），持股会成员为有限合伙人（LP），成立32家有限合伙企业[①]：上海格林兰壹投资管理中心至上海格林兰叁拾贰投资管理中心。

最后，再以格林兰投资为GP，32家有限合伙企业为LP，成立一家大合伙企业——上海格林兰投资企业（以下简称上海格林兰），以上海格林兰承继职工持股会的全部资产负债和权利义务关系，使其成为本次上市的相关方。

通过上述双层嵌套的合伙企业设置，绿地既保障了持股员工的利益，又满足了监管条件。

---

① 有限合伙企业是一种企业组织形式，由普通合伙人和有限合伙人组成，普通合伙人对合伙企业债务承担无限连带责任，有限合伙人以其认缴的出资额为限对合伙企业债务承担责任。有限合伙企业的成员人数不得超过50人，这也是绿地必须通过双层嵌套的合伙企业才能覆盖全部持股职工的直接原因。

最后的波折，尘埃落定

自金丰投资2013年7月宣布因筹划重大事项而停牌，至绿地控股2015年8月正式敲锣上市，经历了两年多的时间，其中的曲折反复，以绿地人的话说，“何止一波三折，恐怕九折、十折都有了”。

2015年4月23日，张玉良经历了上市前最后一次波折。这一天，证监会并购重组审核委员会召开审核会，审议绿地控股借壳上市的事项。绿地组成了一个多达十三四人的团队，预先在北京紧张培训了两天之后，准时参会。

会议一开始十分顺利，随后委员开始提出各种问题，而最后的火力主要集中在利润承诺问题。绿地团队对前述各种问题做出回应以后，张玉良敏感地发现，所有的问题都可以回答，但核心在利润承诺，如果不做出利润承诺，这次重组很可能会失败。他当场回答说：“可以做利润承诺。”

会议结束后，参会委员经过10分钟的闭门讨论，最后得出结论：有条件通过，通过条件为补充披露本次交易标的公司的未来利润保障方案，同时请独立财务顾问核查并发表明确意见。

这种情形下的有条件通过实际上就是通过了。得知消息的绿地团队一片欢腾，将近两年的努力最终没有白费！当天，绿地团队在证监会门口照了一张合影，又在中午工作餐时开了一瓶香槟，作为对圆满结局的庆祝。吃完这顿便饭后，一行人下午便匆匆赶回上海，继续手头的工作。

至此，绿地的整体上市工作大局已定，随后便顺风顺水，直到2015年8月18日，张玉良敲响上交所的金锣，宣告绿地控股正式上市交易。当天，一篇名为《绿地控股逾3000亿市值正式登陆A股 整体上市圆满收官》的新闻稿热情洋溢地写道："绿地作为全球业务规模最大的房地产企业实现整体上市，意味着上海国资领域最大的混合所有制改革案例成功落地，对于正在持续深入推进的新一轮国资国企改革和转型发展中的绿地而言，具有里程碑意义。绿地将借力资本市场开启全新一轮发展历程，全面推进企业创新转型升级，不断提升公司的核心价值。"

上市获批后绿地团队在证监会门口合影

这篇新闻稿的最后还写道："虽然绿地每次企业改制所面临

的环境不同，所要解决的问题也有差异，但总的趋势是不断深化混合所有制内涵，推动企业股权更加多元化，体制机制更加市场化、公众化、国际化，从而不断激发企业的活力、动力和竞争力。”

确实，伴随绿地资本化之路的，是其持续坚持的“国有体制、市场机制”理念，是其矢志不渝、坚持推进的混合所有制股权结构。而20年成为世界500强，成功打造“A+H”双平台，都是对绿地这种坚持的褒奖。显而易见的是，绿地还将在这条道路上坚持走下去。

而且，这条道路注定不会孤独。

第十九章　从标杆到塑造标杆

国有资本、集体资本、非公有资本等交叉持股、相互融合的混合所有制经济，是基本经济制度的重要实现形式，有利于国有资本放大功能、保值增值、提高竞争力，有利于各种所有制资本取长补短、相互促进、共同发展。允许更多国有经济和其他所有制经济发展成为混合所有制经济。

——《中共中央关于全面深化改革若干重大问题的决定》

国企之痛

1997年亚洲金融危机之后，面对老国企设备老旧、机构臃肿、人员懒散的现状，面对三分之二国企亏损且亏损不断扩大的困境，中央果断启动国企改革，以疾风骤雨般的速度，付出极大的资金代价和社会代价（2000万国企工人下岗），实现了国企脱贫脱困的目标。到2009年，已有24家中央企业进入世界500强。然而，对于国有企业"凭借特权，与民争利"的争议却甚嚣尘上，甚至有不少专业人士，透过国有企业业绩繁华的表象，直指国有资本经营效率低下。

饱受争议的天则经济研究所曾在2011年发布一份名为《国有企业的性质、表现与改革》的报告，称"2001—2009年，国有及国有控股工业企业平均的净资产收益率为8.16%，非国有工业企业平均净资产收益率为12.9%……即使如此，国有企业表现出来的绩效并非其真实绩效，是国有企业在享受着种种政策优惠，和民营企业在不平等的经营环境下所体现出的绩效……从账面财务数据中还原企业的真实成本，并对政府补贴予以扣除，从而测算国有企业的真实绩效。据测算，2001—2009年，国有及国有控股工业企业平均真实净资产收益率则为–1.47%。"

–1.47%，这是个令人为之色变的数字。无论其是否绝对准确，冷冰冰的数字背后，都是对国有资本运营效率无声的诘问。

无独有偶，经济学家张维迎在一次活动中也愤然批评：“2010年国有企业在工业行业占42%的资产，创造的产出只有27%，创造的增加值只有30%，提供的就业只有20%，那也就是说，它的投入产出完全不成比例。”

国企之痛，痛彻心扉。

混改先锋绿地，从1.0走向2.0

绿地源于国企，却是国企中的“天生异类”。绿地在成立之初就被完全扔进了市场，“通过综合经营自负盈亏”，虽然名为国企却缺少国企的特殊待遇。1997年，当张玉良下定决心对企业股权结构进行改造时，混合所有制更是成为绿地独特的成长基因。因为这种特殊的机制安排，在漫长的发展过程中，绿地对政府依靠而不依赖，政府对绿地管理而不管束。绿地在20多年的经营期中，年复合增长率超过40%，与前述国有资本平均收益能力形成鲜明对比。

2013年11月12日，中国共产党第十八届中央委员会第三次全体会议通过了《中共中央关于全面深化改革若干重大问题的决定》（以下简称《决定》），其中明确指出：

“积极发展混合所有制经济。国有资本、集体资本、非公有资本等交叉持股、相互融合的混合所有制经济，是基本经济制度的重要实现形式，有利于国有资本放大功能、保值增值、提高竞争力，有利于各种所有制资本取长补短、相互促进、共同发展。允许更多国有经济和其他所有制经济发展成为混合所有制经济。国有资本投资项目允许非国有资本参股。允许混合所有制经济实行企业员工持股，形成资本所有者和劳动者利益共同体。”

此时的绿地正在筹备整体上市事宜，为了保证上市后的股权结构也是真正的混合所有制，公司积极引入非国资系的战略投资者。《决定》无疑是从中央政策的高度，肯定了绿地的发展方向，为绿地送上了一颗“定心丸”。

更为重要的是，既善于发现市场需要，又善于把握政策导向的绿地，从中发现了一条崭新的资本运作路径。

2010年以前，绿地曾多次主导并购大中型国有企业，如2004年收购上海宝钢建设有限公司（以下简称宝钢建设）、2005年收购南京城市开发集团（以下简称南京城开）等。但严格地说，绿地在进行上述并购时，主要出发点是通过控股企业来配合集团的产业布局，推动企业提效增值。如收购宝钢建设，起因是宝钢集团希望剥离旗下非钢铁产业，而绿地则希望加强建设板块的实力，于是双方达成一致；而收购南京城开，则是绿地在“六朝古都”的市中心竖起地标紫峰大厦后，在其房地产市场上继续开疆拓土的需要。

但现在，《决定》从中央的高度明确了混合所有制经济的地位，这使得绿地在产业经营之外，听到了另一只名叫“资本并购”的引擎的低沉轰鸣。张玉良和他的团队发现，绿地可以通过资本运作并购企业，把绿地的混合所有制改革经验传播出去，再从被收购企业的发展壮大中获取资本利得，实现产业经营与资本并购“双轮驱动”。

这种意识很快从想法落实到了计划。绿地在2014年工作安排中，专门提到了“抓住三中全会带来的机遇，积极参与中央和地方国有企业的改革重组，选择发展潜力大、与集团现有产业相协调的规模化大型企业集团，并着重增强集团在其中的控制力和影响力”。张玉良在后来的一次受访中，将这种思路总结为“绿地混改模式”的2.0阶段，即通过投资并购等方式，将绿地改革经验推向全国与做大做强绿地整体产业链两大战略完美结合，实现地方国资国企改革提速增效与绿地长远发展有机融合。

并购贵州建工，打响混改2.0第一枪

绿地的风格，是计划了要做的事，就马上落实到位。2014年，绿地在全国范围内寻找投资对象，并很快锁定了目

标——贵州建工集团有限公司（以下简称贵州建工）。

贵州建工的前身是1952年成立的贵州省建工局，此时是贵州省唯有的两家国有独资大型建筑施工特级企业之一。若按照行政级别来算，贵州建工算是厅级单位，其董事长为正厅级省管干部，与地级市一把手级别相同。

光鲜亮丽的背后却甘苦自知。建筑行业是一个体量极大，而利润极薄的行业。此外，建筑行业普遍垫资经营，负债偏高，现金流紧张。贵州建工虽然是省属企业，在当地颇具政策优势，但经营业绩只能算差强人意。2014年，贵州建工的营业收入虽然高达235亿元，但归属于母公司的利润只有1.9亿元，利润率只有0.8%，而负债率却远远超过80%。为了激发这个大型省属企业的经营活力，贵州省在2013年就启动了对贵州建工的混改试点工作，但因找不到理想的合作伙伴，工作迟迟没有进展。

就在这时，绿地来了。

对贵州建工而言，绿地再合适不过了。一方面，此时的绿地已经是世界500强企业，不论是资本实力、产业布局还是管理能力，对贵州建工都是巨大的补充和帮助；另一方面，绿地的国资背景和一贯的“做政府想做的事”的经营思路，令贵州省国资委颇为安心。更重要的是，绿地本身就是混合所有制的标杆，对照着绿地辉煌的过去和现在，贵州建工仿佛从镜子里看到了自己的未来。

对于绿地而言，贵州建工也是一个理想的标的。其时绿地“一主三大”核心战略正呼之欲出，能源板块面临调整，而最有可能填补能源板块产值空白的正是大基建。基建板块与绿地的主业房地产板块配合良好，在整体大环境有利于基建投资的情形下，成长空间也很大。贵州建工有资质、有能力，更重要的是，它有与绿地合作的迫切意愿。

在这种情形下，经过几轮沟通，双方很快达成了共识。2014 年 8 月 7 日，张玉良带队来到贵阳，双方签署战略合作框架协议，就绿地作为战略投资者，积极参与贵州建工集团混合所有制改革达成合作。又经过 10 个月的准备期，到 2015 年 6 月，双方正式签署增资扩股协议，绿地以 12.094 亿元现金参与贵州建工增资扩股，取得其 70%的股权，成为控股股东。

与以往的收购不同，此次收购协议约定，绿地将在约定时间内，向贵州建工管理层及核心员工释放股权，使贵州建工最终形成绿地集团持股 51%，贵州省国资委持股 30%，管理层及核心员工持股 19%的股权结构。绿地将之称为多元持股的混合所有“黄金三角”结构。

绿地集团并购贵州建工签约

这一幕何其眼熟！18年前，正是张玉良力主推进的职工持股会为绿地的腾飞装上了引擎。如今，通过资本并购的方式，这架引擎又开始嫁接到了贵州建工身上。

贵州建工的典范意义

没有一种改革能够一步跨到终点。绿地对贵州建工的改制看起来很美，落实起来却不容易。

第一个困难是，怎样解决领导班子的顾虑？

要知道，贵州建工是一个厅级单位，其高级管理人员是省管干部，由省委组织部任命，干得好有荣誉有地位，干不好可以保留职级换个岗位，一旦由绿地控股之后，就变成了市场化机构，高级管理层人员由董事会任命，也没有级别一说。这样一来，领导班子难免会犯嘀咕：你大股东在董事会里一言九鼎，要是把我给免了，另派管理团队接任怎么办？改制改制，可别把我给改没了。

张玉良和他的团队非常清楚贵州建工的顾虑。他们反复向贵州建工的高管层们灌输一个理念，即通过混合所有制改造，把公司的效益跟自己的利益直接挂钩，能极大地激发人的主观能动性，不管对于公司还是对于个人，都是好事。

除了大谈混合所有制的好处，绿地还向贵州建工的原管理层承诺，在一段时间内，将继续保持现有领导层的格局不变，不会以大股东的身份随意进行人员调整。这样，双方的利益诉求达成了一致，那就是全心全力把贵州建工做大做强。

第二个困难是，大多数职工对新机制心存疑虑。

由于身处贵州这个内陆省份，又习惯于运行了几十年的国有体制，大多数职工不明白绿地的这套员工持股的“游戏规则”该怎么玩。有的人说：“拿钱来炒股，盈亏账面上都看得见，入股国企怎么操作？”还有的人说：“我在国企干了20多年，工资每年都有规范增减机制，入不入股没关系。”

不过渐渐地，随着持股员工越来越多，公司的工作氛围在悄然间发生了变化。原来公司进行人事聘用，只要一纸发文就可以，没有人会说什么，现在会有职工向部门负责人提建议。

以前大家对办公用品随意处置，并没有一定的规范，现在会互相提醒注意节约。运行一段时间后，贵州建工的持股人数占员工总人数的比例已经超过1/3，从“公家的公司”“老板的公司”变成了“我的公司”，贵州建工与职工之间的纽带在悄然间变得更为强韧。

解决了大家的顾虑问题之后，绿地又从经营管理上为贵州建工做了两件大事。

第一件是为贵州建工引入了一套高度市场化的考核机制。从前，贵州建工一年一考核，员工个人收入与业绩关联较小。现在，绿地将年度目标分解为月度目标，实行“任务当月结算、薪酬当月发放、奖惩当月兑现”。想拿高工资，就要凭业绩说话，月度考核完不成，不要说拿不到奖金，连基础薪资也会下调。这些高度市场化的机制给原来按部就班的国企职工很大的震动，在业绩压力下，纷纷从“坐商”向“行商”转变，主动对接市场，寻找商机。

第二件是以自身的产业布局，帮助贵州建工从单纯的建筑承包商向投融建一体的运营商转变。由于绿地旗下拥有房地产、基建、金融等行业，这为贵州建工参与基建PPP项目、获取房建业务、构建良好的投融资模式等提供了良好的协同。同时，绿地以增资入股的形式对贵州建工注入12亿元资本金，更大大增强了贵州建工的业务承接能力和资本投入能力。

巨大的机制变化带来巨大的经营业绩变化。到2016年7月，也就是贵州建工混改一周年时，这家新兴的混合所有制企业交出了一份精彩的答卷：2016年上半年，贵州建工实现营业收入186.48亿元，同比增长42.9%；实现利润总额2.22亿元，同比增长64.4%；新签合同金额395.2亿元，同比增长28.1%。

张玉良对此评价说：“以我个人理解，这（‘金三角’的股权所有制结构）在中国是最优秀的所有制体制……企业的核心是人，人力资本的高低代表企业水准的高低，企业成败的关键在于做事的人。”

企业的核心是人，而混合所有制最大地激发出人的活力，因此给企业带来了旺盛的生命力。透过管理学纷繁复杂的种种概念，这样朴素的认知、直达本质的认知，正是将贵州建工作为典范的意义所在。

而这也让绿地人更加坚定信心，以资本为纽带的混改2.0，不仅能干成，而且一定能干好。

第二十章　资本引领绿地

正路并不一定就是一条平平坦坦的直路，难免有些曲折和崎岖险阻，要绕一些弯，甚至难免会误入歧途。

——朱光潜

左冲右突的绿地资本

绿地的资本并购之路，由来已久。

2004年，绿地刚刚开始实施全国战略不久，虽然其房地产主业正开展得如火如荼，但其向下游建筑行业的延伸不足，建筑实力不强。当年5月，刚刚进入世界500强的宝钢集团根据一业特强的发展战略，主动剥离建设公司等非钢业务，在上海联合产权交易所挂起了出售宝钢建设的公告。绿地得知这一消息后，经过慎重的内部决策，决定将宝钢建设收购下来。最终，绿地在9家竞标单位中脱颖而出，一举中标，以5400万元的价格受让了宝钢建设60%的股权，并以之为基础组建了绿地建设集团。从当年的产值不到10亿元，到如今产值数百亿元，绿地建设集团成为绿地大基建板块稳健的基石之一，这个巨大的成功其实便肇始于一次资本运作。

也并非每一次并购都能产生巨大的成功。绿地的第二次并购同样发生在上海。2004年12月，绿地受让了上海新华发行集团（以下简称新华发行）49%的股权，受让价格高达3.48亿元。新华发行所在的文化传媒行业与绿地八竿子也打不着，张玉良之所以拍板要入股新华发行，是希望将其零售网点和绿地的商业地产开发能力结合起来，甚至不排除在未来围绕文化行业打造一个新的支柱产业。然而4年之后，为配合相关主管部门管理新华发行的新思路，绿地将新华发行10%的股权转让给了解放日报报业集团，退居为第二大股东，其战略构想也不了了之。无独有偶，2015年5月，绿地通过旗下子公司认购港股上市公司润东汽车（01365.HK）定向增发的股份，成为拥有其30%股权的控股股东。这是继绿地香港后的绿地第二个境外上市平台，是绿地旗下汽车板块的唯一上市平台，颇受行业与媒体关注。但一年以后，因股东合作战略发生分歧，绿地又全数退出了该项投资。不过，上述两项资本运作虽然没有在产业发展上获得成功，却都取得了不错的投资收益。

甚至还有一些不为人知的故事。譬如，绿地曾试图从汽车销售和服务产业向上游延伸，介入新能源汽车制造，为此绿地团队考察过浙江、江苏、天津、山东等多个省市，但终因感觉这个行业资产太重而作罢。绿地还考虑过介入航空和日化等行业，甚至一整个团队跑到东北考察人参的品相。而今，这些过往也只是作为闲时的笑谈，但通过这些故事还是可以管窥到早期的绿地在资本运作上的一些性格：敏感、灵活，但又多少有些盲目。

正如一个成长中的少年，热切而鲁莽。在他捋袖前行，竭力向这个世界宣示自己的存在时，总是免不了碰壁、绕弯甚至于偶尔迷失，左冲右突，左支右绌。直到他停下脚步，回望来程，开始低头思索，目光渐渐变得睿智——于是他知道，属于他的时代将要到来了。

战略定局，“绿地系”阵列

在中国并不漫长的现代商业史中，密密麻麻地排布着灿若星辰的明星企业，它们中的大部分面目清晰、特征明显。但绿地属于少见的那种很难定义的公司。在绿地诞生而至壮大的25年里，它虽然始终秉持着“做政府所想、为市场所需”的精神内核，但外在面目却变幻无常。譬如，它设立时以城市绿化为使命，但成立之初却风风火火地做起了动迁房的建设；当人们习惯于把绿地当作一家房地产公司时，绿地又组建了商业、建设、能源和汽车服务四大集团，能源集团的营收一度超过房地产主业；当人们再次习惯于将绿地当作房地产、能源并举的大型集团时，绿地又将能源产业剥离，形成“一主三大”的产业格局。

不断的变幻背后，是绿地因市场之“势”而对自身经营之“道”的持续探索。而这种探索从最初的充满随机性、“有机会就去试一试”，渐渐成长为在逻辑自洽的理论体系指导下进行产业布局。如果以战争来打比方，那么绿地最初的打法是由战术反推战略，对不同军事目标进行试探性打击，能打下来的就占领并发展，打不下来就换个目标；当它渐渐变得成熟，占领的区域足够大、积累的经验足够多时，一套清晰的战略便浮现出来，接着便由战略指导战术，明白自己该进攻哪个目标，不该在哪个目标上浪费时间。用张玉良自己的话说，“企业的发展战略，既要选择做什么，也要选择不做什么，而且选择不做什么要比选择做什么更难”。

这种变化在绿地的资本运作上表现得十分明显。2015年，

“一主三大”战略确立之后，绿地的并购动作变得更为频繁，但同时也更加聚焦。

在房地产主业领域，2016年11月，绿地宣布以51.63亿元的代价收购重庆协信远创房地产开发有限公司（以下简称协信）40%的股权，收购完成后将成为其第一大股东（与其母公司汉威重庆房地产开发（香港）有限公司并列）。协信在商业地产、产业地产方面运营经验丰富、专业能力突出，只是在财务成本、现金流方面存在困难。绿地作为“商办专家”，需要协信的专业团队来为其一二线城市商办市场的拓展继续添砖加瓦，而协信也需要绿地超强的平台搭建和资金调度能力来为其“疏通血脉”，这一联姻可谓珠联璧合，相得益彰。

在大基建领域，绿地自2015年6月成功收购贵州建工之后，继而于2016年2月，参与江苏省建筑工程集团有限公司（以下简称江苏省建）的增资扩股及股权转让，以9.625亿元现金代价取得江苏省建55%的股权，成为其控股股东。2016年9月，绿地控股港股上市公司博大绿泽，意在打造大基建板块内的园林业务平台。2017年，绿地继续与多地大型建工集团接洽，商谈入股事宜。有了贵州建工这个混改试点珠玉在前，各地政府对于绿地参与当地大型国企混改非常欢迎。对外界，绿地人一贯低调，但他们转过身去，就开始悄悄描绘“中绿建”的版图。

在绿地人的构想中，绿地通过投资控股大量地方优势建工集团，并以绿地品牌和绿地文化对其进行改造升级，最终形成一个品牌统一、全国布局的大型建设集团“中绿建”——甚至从这个名称中都可以看出绿地人试图挑战老牌央企中建、中铁建的野心。尽管在建设经验、业务体量上尚无法与前述大型央企相抗衡，但绿地多元化、组合拳的打法将为其增添筹码。超高层建设、商办运营、地铁、城市基础设施、线下金融体验网点、酒店、进口超市……绿地的百宝袋中有着取之不竭的工具，而工具与工具之间相互协同搭配，俨然使绿地成为一个城市超级运营商。在这种构想指导下，中绿建前途难以限量。

在大金融领域，绿地同样高举高打。绿地金控以“投资+投行”为实施路径、以金融全产业链为经营目标，其资本运作更为娴熟和清晰。早年间，绿地作为财务投资人持有上海农村商业银行和东方证券等金融机构的股份。2015 年 12 月，绿地金控受让摩根士丹利持有的杭州工商信托股份有限公司（以下简称杭州工商信托）股份并对杭州工商信托增资，收购和增资完成后，持有杭州工商信托 20% 的股份，为其第二大股东。2016 年 8 月，绿地金控完成对宜高资产管理有限公司的收购，随后将其改组为绿地（亚洲）证券公司，在海外开展基金管理业务和其他资本运作。此外，并购获取第三方支付牌照的工作也已完成。保险公司、海外的商业银行和全牌照金融集团则是绿地金控下一步瞄准的目标。

在大消费领域，绿地资本也在悄然运作。除了直接投资建立海外直采中心和跨境电商平台，绿地还在考察连锁类零售企业，欲通过收购来快速完成线下渠道布局，增强其零售能力。

仿佛进入了地壳剧烈变动的年代，围绕着“一主三大”四个产业集群，绿地开始了一场轰轰烈烈的“造山运动”。资本呼啸之下，群峰并起，天地一时豪迈。绿地完成A股上市时，曾有媒体津津乐道其A股、H股平台布局，并冠以“绿地系隐现”之名。如今，绿地系已风华初露，稳稳阵列于天光之下。

资产证券化，一路向“轻”

一如古希腊神话中的英雄，庞大而强劲的绿地也并非毫无软肋，高度使用杠杆可能就是绿地的“阿喀琉斯之踵”[①]。2015年，当绿地上市后第一次公布其年报时，其资产负债率高达88%。尽管在负债科目中，预收账款和应付账款等无息负债占比颇高，但其总体偿债压力依然高于同行平均水平，这也令投资者不无忧虑。

张玉良对此并非毫无认识，上市后对公司利润的要求更令

① 阿喀琉斯是荷马史诗中的英雄。“阿喀琉斯之踵”原指阿喀琉斯的脚跟，是其唯一没有被神水浸泡到的地方，是他唯一的弱点。——编者注

他备感压力。尽管对外界，他常常强调绿地的现金流周转快速，偿债无压力，但对内却常常在会上提问：能不能革新商业模式，把沉淀的重资产转化为现金流，把负债率降一降？

但要轻资产化运营，并非易事。几类房地产产品中，住宅相对比较容易销售，一经销售便出表转为利润；商办物业的销售相对比较难，常常需要自持经营，这意味着投资不能一次收回，只能通过长期租金收入来偿付债务并取得收益；酒店物业的销售更难，而且其回报率比商办更低。而绿地的产品结构中含有大量的商办和酒店，这意味着，绿地的轻资产化运营可能比一般的房地产企业更难。

但困难不意味着放弃。张玉良给他的团队出了一道题，解决了这道题，也许就解决了轻资产运营的难题。这道题的名字叫作资产证券化。而经过长时间的探索和尝试，答案似已呼之欲出。

2016 年 3 月 11 日，绿地与新加坡荣耀基金旗下 Amare 投资管理集团签订协议，设立酒店业房地产信托投资基金并拟在新加坡证交所（以下简称新交所）主板上市。该酒店业信托投资计划向绿地收购 19 家位于中国境内的酒店物业，总计价值约为 210 亿元人民币。这将是迄今为止中国房地产企业发行的最大规模 REITs（房地产信托投资基金），同时也是中国企业在新加坡所发行的首单真正意义上的 REITs。此前，我国房地产企业所发行的房地产信托基金多为以专项资管计划形式表现的类REITs，发行人一般需要承诺收益并进行远期回购，实质为以信托标的的收益权为质押的长期债权融资，并不能达到资产出表的目的。而绿地此次拟发行的REITs，则只认购30%的份额，并在5年内提供一定的收益补偿，且认购部分到期后可以在公开市场上出售。

REITs酒店资产信托签约

签订了协议之后，绿地还需要确定交易细节，并通过新交所的审批才能完成上市。好事多磨，首先，对手方Amare投资管理集团为了减轻税负压力而提出的交易结构可能在中国法律上存在问题，绿地花费了大量时间和精力进行沟通。随后，对手方内部不同的团队因利益分歧，对确定该REITs的收益率水平争执不下，导致方案迟迟不能提交到新交所。

在此情形之下，绿地团队没有气馁，多次、多层级、多方式地与对手方沟通，深入表达了绿地的立场、观点以及该笔业务的重要性。在绿地的强力干预下，对手方最终达成内部统一，并于2016年10月向新交所上报方案。

2017年6月，新交所批复同意首批资产上市交易，标的资产为6家酒店，价值62亿元。

这意味着，绿地成功实现了酒店物业轻资产化从0到1的突破。未来，绿地可以充分利用及放大其在大型商办开发运营领域的优势，将更多酒店物业、商办物业等较“重”的资产，通过证券化将其变“轻”，加快资金周转，提升可持续发展能力。

公众化、资本化，从优秀走向卓越

我们曾向一位稔熟于绿地资本运作的绿地人追问：“公众化、资本化，对绿地而言到底意味着什么？”

他想了想，用两个词做出了回答：“革命性，战略性。”

一家公司从优秀走向卓越，必然需要经历一个契机。公众化、资本化，就是绿地的这个“契机”。契机所带来的，就是革命性和战略性。

所谓革命性，是指当绿地成为公众公司时，经历了痛苦的自我革命。上市可以拓宽融资渠道、增强竞争力，这当然是每个公司梦寐以求的，但上市的过程，就是向公众打开自己的过程，中间充满了痛苦的自我检视。为了上市而补盖的那6000多颗印章，其中固然有政策相关的历史遗留问题，但有没有自己做得不到位、不规范的？能源产业规模这么大，利润贡献却这么薄，甚至吃掉了其他板块的利润，应该怎么处理？以前管理过于粗放、成本控制不严，大家可以不太在意，现在公众股东在意，用脚投票、用股价来衡量你的公司价值，还能不在意吗？这诸多拷问，从绿地筹备上市时，已经投射在每个绿地人的脑中；而当“绿地控股”这四个字出现在证券交易所的电子屏上之后，这些拷问将永恒地持续下去，逼迫每一个绿地人反躬自省。

所谓战略性，是指公众化之后，绿地再也不能片面以规模为导向，而必须以利润为导向；而为实现利润稳定增长，就要放弃粗放的、零敲碎打的业务拓展模式，向更为集约、更为精细、更为轻盈的方向转变。这势必要求企业从更宏观、更长远的角度出发，考虑企业的发展战略。战略正确、执行到位，资本市场自然会给出积极反馈，从而使企业有能力获得更多资源，实现良性循环。

这位绿地人最后总结说：“整个上市，包括境外买壳，确实很苦。有点像在炼狱里过了一遍，有点像凤凰涅槃。但是一切都是值得的。我敢说，如果没有上市，绿地一定不会是现在这个样子。”

从他笃定自信的目光中，我们忽然明白了一点。公众化、资本化对绿地而言，的确是契机。但所谓契机，并非是在平平淡淡、浑浑噩噩之中，便得上天恩赐，获得手到擒来的机遇。举凡成大事者，无不经历苦难痛楚、血汗交流，方得真谛。正如达摩十年面壁，阳明苦守龙场，然后才有一声断喝，光照千古。人固如此，企业亦然。

尾声

遇见张玉良，预见绿地

遇见张玉良

与张玉良的对话在绿地集团五楼的会议室进行。当他面带笑容走进房间，落座寒暄几句之后，就给谈话确定了基调：“你们想听听我的想法，我也想听听你们的想法。这 5 年来我们做的哪些东西可能是有成果的，但哪些东西是有疑问的，甚至从你们的眼光来看，不一定能够成功，以后还会走弯路。”当他注意到访谈的时间可能不够时，就以比较简明扼要的方式快速地回答完我们的提问，然后诚恳地说：“我就说这么多，还有 20 分钟时间，我听听你们的感受。”一直到双方告别，他起身致意时，仍然在客气地说：“谢谢你们，感谢你们，有什么不对的地方指出来。”

在企业界，张玉良谦和待人的处世态度早已声名在外。原新华社上海分社常务副总编辑徐寿松曾说他“脸上总是带着笑容——无论是见政府官员、合作伙伴、媒体记者，还是公司的普通员工，他总是保持着谦谦笑意，礼遇待人，仿佛震动商界的声名与他无关”。

很难说这种谦恭是先天性情使然，还是后天刻意磨炼的结果。但在我看来，张玉良的客气绝不是故作礼贤下士的表演，他反复邀请他人表达的背后，是一个企业家对企业战略的高度关切。他并不太在意对方的地位、年龄、资历，他只在意对方的见解——特别是，这种见解有关于他一手创立的绿地集团，有关于绿地集团的过去和未来。

在绿地集团内部留存的张玉良在2015年绿地管理学院菁锐三期研讨班上的讲话中，有这么一段：“什么是好的企业，我认为这是做企业首先要搞清楚的问题……我认为，就大部分企业而言，好的企业应该满足以下几点：第一，要有清晰的战略。发展方向、发展目标清晰的企业，才是优秀的企业。三五年后，你想把事业做成什么样，甚至是今年要达到什么目标，战略都要非常清晰。战略不仅要规定企业应该做什么，而且要规定企业不应该做什么。同时，企业的战略也不是一成不变的，要随着形势的变化而变化……”可见，在张玉良的心中，战略是第一位的，而且战略是会发生变化的。

绿地的战略变迁

张玉良“因势而变”的战略观一直贯穿着绿地发展的始终。绿地成立之初，肩负着造绿的使命却没有盈利的方向，拿了2000万元的资本金还要每年给股东25%的固定投资回报。张玉良靠着自己在机关单位里积攒下的一点儿人脉，与近郊乡镇谈共建动迁房，才赚出一点利润。就这么个小公司，张玉良却在绿地的发展目标里豪气冲天地写道：“形成一个以绿化建设为主，其他各业综合经营的大型集团公司……综合经营税后利润确保8000万元，争取上亿元。”为了实现“大集团、高利润”的目标，早年的绿地涉足过地产、建材、餐饮、夜总会、广告、出租车、巴士……几乎是哪里能挣到钱，就去哪里试一试。这些尝试的绝大部分结果都是亏损退出或因无法大规模盈利而宣告终结，只有房地产主业因为竞争能力较强、盈利模式成熟且市场空间广阔，渐渐成为绿地聚焦发展的主要领域。

如果说最初的战略是通过多元化尝试去找到最能做大规模、扩大盈利的经营模式，那么找到自己的主业之后，绿地的战略目标就迅速转变为如何将主业做大做强。2001年，当上海的房地产市场逐渐升温，各路诸侯云集竞逐时，张玉良却做出了一个反其道而行之的举动——挥师南昌，将绿地的竞争空间放大到了全国。后来的事实证明，主动走出去，将自己置于不确定性更大的竞争环境中，是一个正确的选择。同时代的许多上海企业受困于上海过于激烈的竞争和更为严苛的土地调控，始终难以长大，而绿地却在广阔天地中成长为一个巨人。

2005 年，全国性的房地产宏观调控凶猛而来，在这场史无前例的行业性巨变面前，有的大型房企轰然倒下，风格同样激进、崇尚资金快速流转的绿地，在这一年也出现了融资不畅、销售不利、资金链紧绷的危险局面。这让张玉良警醒到，房地产业虽然是利润和规模空间都相当可观的行业，却也是一个运营方式极重，又极易受到政策因素影响的行业，单一押注房地产，对企业的稳定发展不一定有利。于是，绿地在当年成立了能源、建设、商业、汽车服务四大集团，走上了综合化经营的道路。

正是综合化经营让绿地走上了超常规发展的道路，绿地在能源领域的大步快跑带来了几乎相当于房地产主业的营收规模。正因如此，绿地作为首个以房地产为主业的中国公司，在 2012 年成功挺进世界 500 强。但这个头衔并没有令张玉良怡然自得，在他看来，中国市场的庞大容量足以造就一大批的世界 500 强企业，但一个企业如果不能跨国经营、参与世界竞争，那就只能算是大而不强，一旦国内的宏观环境发生变化，就一定会束手无策。正是看到了这一点，从 2012 年开始，绿地先后进驻韩、澳、美、英、德、马（来西亚）、加、日等国，海外经营日趋熟稔，渐渐从“中国的绿地”成长为“世界的绿地”。

20 年之后的 5 年

与中国的宏观经济脉络相当一致，绿地从 2012 年到 2017 年的发展，已不像其在前 20 年那样，一路高歌猛进，永远飞速成长。这与外部环境有关，当然也与绿地的体量有关。就如同飞机升空，在它的初始阶段，仰角明显、直冲云霄；但当它升到一定的高度，那么平飞将是较为常态的表现，出现跨越式腾飞的可能性将大大下降。

如果用“以成败论英雄”的世俗观点来看，5 年来的绿地，既有“得”亦有“失”。

所谓“得”大概是在这么几个方面：第一，在这 5 年间，特别是在 2015 年之前，绿地在房地产主业继续深耕发力，并一度占据了行业榜首的位置，到今天依然是实力最强的几家房企之一；第二，领行业风气之先，实施海外战略，在从海外市场持续获得收入和利润的同时，也锻炼了一支能力强悍、眼界开阔的“国际纵队”，这让绿地的未来更加可期；第三，经过数年努力，绿地终于全面拥抱资本市场，获得了“A+H”的双上市平台，上市不仅使得绿地拥有更为强劲的资源配置能力，而且对于其完善公司治理结构、提升经营绩效都有重大的促进作用；第四，在新的产业格局之下，各综合产业百花齐放，各有特点，企业整体竞争力还在不断提升，企业能级与地位继续上升至世界300强。

所谓“失”大概是在这么几个方面：第一，绿地以“壮士断腕”的勇气在能源板块大量撤资，并解除了与云峰集团的托管协议，而这带来的不仅是收入的剧减、排名的后退，云峰集团的债务违约更使绿地陷入“法理无过、道德有瑕”的不利境地，承受了巨大的声誉风险；第二，绿地“诸侯分封”的管理结构，在顺周期下固然效率极高，但当经济形势逆转，特别是区域结构发生重大变化时，部分区域事业部经营不善、管理粗放的缺陷便完全暴露，如东北事业部一度陷入项目全面缓建、停建的不利境地，绿地集团耗费了巨大的精力去解决问题，但由此带来的负面影响却并非旦夕可止；第三，近年来受经济态势、货币政策和政府调控对于住宅、商办两类产品不同的影响，产品结构特殊的绿地首当其冲，规模从行业第一渐渐后退至行业第四。也是因为这些原因，张玉良的“世界200强”梦想，仍有待将来去实现。

但评价企业与企业家，如果只纠结于阶段性的、局部性的得失，则不免失之于狭隘。我们无法苛责企业与企业家每一步都高瞻远瞩、恰如其分，因为这是对圣人的要求，而圣人却无法成为企业家。正如张玉良自己所说："我觉得每一个时代的企业家都有一个基本的共同点，都是有追求、有梦想、敢拼搏、敢冒险……冒险就会出错，没有一个企业家不犯错误，但他一旦发现自己决策错误，就会马上调整，勇于改正，这个特点我想都应该具备。"

在新的形势下，张玉良已经调整了他的决策。如今，以单一房地产企业的目光去看待绿地已经不合时宜。在小城镇建设、地方国企改革、金融准入放开、消费升级、"互联网+"的时代趋势之下，绿地的房地产主业、大基建、大金融、大消费所共同构建的产业集群，正蓬勃兴起，如日方暾。

能预见绿地的，唯有时间

张玉良在2015年10月的集团季度会上，援引了习近平主席在当年9月接受《华尔街日报》采访时所说的一段话："在大海上航行，再大的船也会有一时的颠簸。要看这艘大船方向是否正确，动力是否强劲，潜力是否充沛。"以此来激励士气，激发信心。[①]

---

① 新华网. 习近平接受《华尔街日报》采访 [EB/OL]. http://news.xinhuanet.com/fortune/2015-09/22/c_1116642032.htm.

其时正当绿地决心解除与云峰集团的托管协议前夕，而部分区域地产事业部的销售不利也使得绿地业绩承受了很大的压力。事实上，由于这些因素，当年绿地的营业收入较上年下降了大约20%。但业已构建起“一主三大”新发展框架的张玉良，眼光超越了一时一地，自信地说：“只要我们保持正确的航向，不断增强动力，持续挖掘潜力，终究会拨云见日、柳暗花明。”一年之后，各大主要业务板块的业绩均有明显进展，集团总体营业收入又增长了大约20%。

站在绿地集团成立25周年的节点上，绿地的“一主三大”战略仍在细细耕耘。它会不会在未来的某一个时间迎来自己的金秋，获得丰厚的回报？并非先知的我们无法断言。因为这既需要绿地人付之于正确的勤奋，也需要天时和地利的配合。

能预见绿地未来的，唯有时间。

但无论如何，在那一次季度会讲话的结尾，张玉良这样表明他的态度：“我将始终和大家战斗在一起，直到胜利。”

对张玉良来说，他的胜利究竟是什么？也许永远没有尽头。因为在他的哲学中，永远需要从一个胜利，走向下一个胜利。

也许，这就是永不止步的真正含义吧。

后　记

20 世纪八九十年代，在中国这片逐渐从封闭走向开放的热土上，中国公司群落如雨后春笋般崛起。历经时间长河的冲刷，许多盛极一时者或已湮没无闻，但幸存者中的卓越者，则成长为中国 500 强乃至世界 500 强的常客。二三十年几乎是一代人的黄金岁月，如果不能将这段激荡岁月付诸汗青，则不免成为当代人与下代人的遗憾。正因此，如今市面上的公司史图书已经蔚为大观。现在，我有幸参与了对其中一家公司的旁观和记录，使得自己的工作也成为这恢宏画卷中殊不足道的一部分——受时间和个人能力所限，恐怕仍不免失之浅薄。

这并不是第一本针对绿地的著作。五年以前，屈波、郭建龙两位作者创作了《势在人为：绿地廿年进入世界五百强》一书，系统梳理了绿地从1992年成立到2012年进入世界500强的20年风雨历程。珠玉在前，如何在原有框架之外做出自己的特点，就成了本书面临的第一个困难。现在，读者可以看到，这本事实上是描写了绿地在2012—2017年5年历程的图书，并没有沿袭《势在人为》的时间轴叙事方式，而是以模块划分的方法，对绿地近5年在各个板块的动作进行了回顾与解析，用这种创新的写作手法，避免与前书做过于直接的对比。

本书写作过程中所遇到的第二个困难是，应该如何去定义这5年的绿地？仅从表象来看，2012—2014年，绿地以排山倒海之势轰然崛起，和万科在房地产企业榜首缠斗不休，但此后绿地忽然“失速”，不但被万科重新超越，而且落在了恒大和碧桂园两只“华南虎”之后。在今天的中国房地产业格局中，“碧万恒”领衔3000亿俱乐部，而绿地依然踯躅在2000亿阵营。此外，张玉良曾在2012年充满豪情地喊出5年内进入世界200强的口号，但5年间辗转浮沉，受主业增长波动和能源板块退守的影响，尽管绿地一直是中国以房地产为主业的世界500强企业中排名最高者，但距世界200强始终还有数步之遥。今天，绿地人会如何看待这些多少有点尴尬的事实？

笔者带着这些问题进入绿地，去接触绿地的史料和写下历史的人们，了解愈深之后，眼界愈发宽广，而缠绕心头的疑问也渐渐冰释。过去5年绿地所走过的道路，虽不是一帆风顺，但恰恰是根植在这家企业血脉中的百折不挠的精神，让它在遭逢挫折、面对不利的情境下，依然有全力相搏的豪气，有破釜沉舟的志气，有断腕再植的勇气。在整体经济态势愈加扑朔迷离的今天，对于绝大多数中国企业，特别是身处传统产业的企业来说，“好时光”恐已不再，步步艰险却逐渐成为常态。从这个角度来说，绿地在这 5 年来所展示出的永不止步的自我革新，实在是具有其公共意义的。

关于“永不止步”这个书名，有一个有趣的插曲。直到全书行将完稿，正式书名还没有确定下来。在一次无法再向下拖延的会议上，源自绿地企业精神的“永不止步”忽然被提了出来，而这个提案几乎击中了在场所有人的内心。现在回过头来看，战略变革也好，乘胜追击也好，奋力突围也好，都离不开这份“永不止步”的精气神。以此来统领全文，概括绿地这 5 年的转折与进击之道，可谓恰如其分。

最后，要感谢为本书做出贡献的人们。书籍虽由执笔人创作完成，但实际上是一项浩大的系统工程，若成果由执笔人专美，则难免对参与者不公。

感谢以张玉良董事长为代表的受访者在采访中给予的最大配合，绿地人整体上所表现出来的坦率与平和、专业与务实，深刻展现了这家上海名企的风范。感谢绿地集团办公室主任王晓东以及王昱星、段练等同事在内部协调上给予的全力支持，